RECONECTE-SE AO AMOR

YONG KANG CHAN

RECONECTE-SE AO AMOR

Uma Jornada Interior para Alcançar uma Conexão Profunda nos Relacionamentos

Tradução
Jacqueline Damásio Valpassos

SEOMAN

Título do original: *Reconnect to Love – A Journey from Loneliness to Deep Connection.*
Copyright © 2020 Yong Kang Chan.
Publicado mediante acordo com Montse Cortazar Literary Agency (www.montsecortazar.com)
Copyright da edição brasileira © 2023 Editora Pensamento-Cultrix Ltda.
1ª edição 2023.

Todos os direitos reservados. Nenhuma parte desta obra pode ser reproduzida ou usada de qualquer forma ou por qualquer meio, eletrônico ou mecânico, inclusive fotocópias, gravações ou sistema de armazenamento em banco de dados, sem permissão por escrito, exceto nos casos de trechos curtos citados em resenhas críticas ou artigos de revistas.

A Editora Seoman não se responsabiliza por eventuais mudanças ocorridas nos endereços convencionais ou eletrônicos citados neste livro.

Foto do autor: Benson Ang

Editor: Adilson Silva Ramachandra
Gerente editorial: Roseli de S. Ferraz
Gerente de produção editorial: Indiara Faria Kayo
Preparação de original: Alessandra Miranda de Sá
Editoração eletrônica: Cauê Veroneze Rosa
Revisão: Erika Alonso

Dados Internacionais de Catalogação na Publicação (CIP)
(Câmara Brasileira do Livro, SP, Brasil)

Chan, Yong Kang
 Reconecte-se ao amor : uma jornada interior para alcançar uma conexão profunda nos relacionamentos / Yong Kang Chan ; tradução Jacqueline Damásio Valpassos. – 1. ed. – São Paulo : Editora Seoman, 2023.

 Título original: reconnect to love: a journey from loneliness to deep connection.

 ISBN 978-65-87143-47-7

 1. Autoajuda (Psicologia) 2. Desenvolvimento pessoal 3. Psicologia 4. Relacionamentos I. Título.

23-145867   CDD-158.1

Índices para catálogo sistemático:

1. Autoajuda : Psicologia 158.1
Aline Graziele Benitez - Bibliotecária - CRB-1/3129

Seoman é um selo editorial da Pensamento-Cultrix.

Direitos de tradução para o Brasil adquiridos com exclusividade pela
EDITORA PENSAMENTO-CULTRIX LTDA.,
que se reserva a propriedade literária desta tradução.
Rua Dr. Mário Vicente, 368 — 04270-000 — São Paulo, SP – Fone: (11) 2066-9000
http://www.editoraseoman.com.br
E-mail: atendimento@editoraseoman.com.br
Foi feito o depósito legal.

Sumário

Prefácio — 9

Introdução: A Solidão Resulta de Nossa Desconexão com o Amor — 13

Parte 1: Enfrentando a Solidão

Capítulo 1   O Equívoco de Confundir Solitude com Solidão — 23

Capítulo 2   Como Evitamos a Solidão — 37

Capítulo 3   O que Fazer Quando Você se Sentir Solitário — 51

Parte 2: Compreendendo a desconexão

Capítulo 4   O Desejo de Permanecer Separado — 67

Capítulo 5   Os Eventos que nos Ferem — 81

Capítulo 6   As Crenças que nos Mantêm Presos — 99

Capítulo 7   Os Hábitos que Sustentam Nossa Solidão — 117

Parte 3: Permanecendo conectado

Capítulo 8	Mudando a História do Ego	133
Capítulo 9	Aprofundando Nossa Conexão com o Amor	151
Capítulo 10	Aprofundando Nossa Conexão com os Outros	169
Conclusão	A Percepção de que Somos Amor	189
	Gostou de *Reconecte-se ao Amor*?	191
	Mais Livros de Yong Kang Chan	192

Prefácio

Quando me recuperei da depressão em 2015, levei algum tempo para resgatar minha confiança em conhecer novas pessoas. Se você leu minha autobiografia, *The Emotional Gift*, sabe que tive experiências ruins ao lidar com empresários. Essas experiências fizeram aflorar em mim uma vergonha que eu nem sabia que existia. Então, quando fui ao meu primeiro evento social no fim de 2017, depois de uma pausa de dois anos, estava ansioso e apreensivo. Parte de mim queria se reconectar com os outros. Mas, lá no fundo, havia também esse medo persistente de que eu pudesse encontrar alguém que me magoaria de novo. Se não fosse a solidão e o tédio que estava sentindo pela falta de contato social, provavelmente não teria saído para conhecer novas pessoas.

A vida é sempre milagrosa. Quanto mais você não quer que algo aconteça, mais o Universo lhe traz isso para ajudá-lo a crescer. Mal sabia eu que a primeira pessoa que conheceria seria Pat, alguém que se parecia com James, meu amigo no ensino médio que me abandonou e me traiu. Pat me lembrava James. Eles usavam um tipo de óculos parecido e tinham um tom bronzeado de pele semelhante. Não que fossem exatamente iguais ou possuíssem a mesma personalidade. Mas quando apertei a mão de Pat pela primeira vez, tive um *flashback* de James, alguém que eu há muito havia esquecido e que apagara da minha cabeça como uma lembrança ruim.

Em princípio, eu não pensei muito sobre isso. É comum as pessoas se parecerem, não é? Então, deixei de lado a questão. Mas depois de interagir com Pat por alguns meses, notei meu medo de abandono e traição retornando aos poucos. Eu ficava inquieto, preocupado e até zangado quando Pat levava dias para retornar minhas mensagens ou não cumpria o que havia prometido que faria. Foi quando percebi que o Universo tinha outros planos para mim.

As pessoas que mais o magoam são também as que mais o ajudam a crescer.

O Universo tem tentado me ajudar a deixar de lado as histórias dolorosas que tenho guardado por tanto tempo. Eu recebi uma chance de reescrever meu passado e resolver meus problemas com James por meio da minha nova amizade com Pat. Minhas experiências passadas me impediram de manter o coração aberto e me conectar verdadeiramente com as pessoas com quem me importo. Elas me impedem de receber e dar amor. Estando desconectado do amor, estou fadado a me sentir solitário.

Assim, vi-me diante de duas opções: permanecer vítima do meu passado, ou me libertar, expandir e ser a pessoa amorosa que sei que sou. Escolhi esta última. Isso me coloca em uma busca não apenas para descobrir como posso me conectar profundamente com os outros, mas, acima de tudo, para aprender a me conectar mais profundamente comigo mesmo. Quero remover todos os obstáculos que fazem meu coração se fechar para as outras pessoas. Este livro é fruto disso.

PREFÁCIO

Reconecte-se ao Amor é o livro mais difícil que escrevi até hoje. Comecei a redigi-lo em agosto de 2018, mas sofri um bloqueio durante muito tempo. Foi só em novembro de 2019, quando um amigo nos encorajou a passar algum tempo sozinhos em um parque, que percebi que precisava usar uma abordagem mais espiritual. Escrever este livro foi um exercício de humildade. Derramei muitas lágrimas enquanto processava minhas experiências passadas. Ele me fez perceber que, embora eu seja mais autocompassivo agora e mais saudável em muitas áreas da minha vida, ainda sou vítima quando se trata de relacionamentos. Há muito espaço para crescimento e expansão, e sou grato por tido esta chance de aprender e escrever sobre isso.

Assim como em meus outros livros, a maioria dos *insights* aqui são extraídos de minhas próprias experiências e observações. Os nomes das pessoas sobre as quais escrevi foram alterados para proteger suas identidades. Minha escrita é a mais simples possível. Se você está procurando por algo técnico, complexo ou amplamente pesquisado, este livro pode não ser adequado para você. Ele é mais apropriado para leitores que preferem a autorreflexão e aprender com as experiências de outras pessoas.

Por fim, uma menção especial aos meus leitores que compartilharam comigo como se sentem solitários e o quanto também almejam uma profunda conexão. Este livro é especialmente para voces!

Com muito amor,
Yong Kang Chan
Cingapura
2020

Introdução

A Solidão Resulta de Nossa Desconexão com o Amor

> "Quando você se sente sozinho, não é porque não há outras pessoas com a mesma opinião para você interagir. É porque você se separou de quem você de fato é em sua essência."
>
> – Abraham Hicks

Amy, uma garota impopular na escola, é tão mal-educada e negativa que as pessoas preferem manter distância dela. Quando posta algo nas redes sociais, ela espera com ansiedade por uma curtida ou comentário, mas ninguém oferece reação alguma. Ela muitas vezes se compara a outras pessoas nas mídias sociais e se pergunta por que são mais populares do que ela. Amy viu fotos da festa de aniversário de Belle numa das redes sociais e se sentiu excluída e rejeitada por seus colegas porque não foi convidada para a festa.

Candy, por outro lado, foi convidada para a festa, mas é tímida demais para puxar conversa com outras pessoas durante a festa. A única amiga de Candy, Belle, estava tão ocupada bancando a anfitriã que não teve tempo de conversar com ela. Todos os outros pareciam estar se divertindo a valer e aproveitando bastante, batendo papo e dando gostosas gargalhadas. Mas ela se sentia deslocada. Tinha a impressão de que não pertencia àquele grupo. Mesmo estando cercada por muitas pessoas e sendo simpática e educada, tinha a sensação de ser diferente dos demais.

Depois da festa, a mãe de Belle arrumava a bagunça enquanto Belle enxugava as lágrimas. A pessoa que mais queria que estivesse presente na festa, seu pai, não estava lá. Viajara a negócios, mais uma vez. Belle tem muitos amigos, mas não se sente próxima de nenhum deles. Ela sempre finge ser feliz e positiva quando está junto com os amigos porque deseja que eles a aceitem. Desde que Belle era criança, sua mãe lhe ensinou: *Ninguém quer ficar perto de alguém que reclama e choraminga*. Então, ela foi condicionada a acreditar que não podia se permitir mostrar-se vulnerável na frente de seus amigos. Ninguém sabe como ela se sente de verdade, nem mesmo os pais. Ela é solitária, também.

A mãe de Belle, Danni, é o modelo exemplar de dona de casa. A família parece perfeita vista de fora – um casal amoroso com uma filha brilhante e uma casa linda e chique –, mas, na realidade, o casamento de Danni está passando por uma fase difícil. Seu marido, Ethan, está sempre viajando a negócios e tem trabalhado até tarde nos últimos dois anos. Ele quase nunca está em casa. E, mesmo quando está, é frio e distante e eles quase nunca conversam um com o outro de forma franca como costumavam fazer. Danni sente-se negligenciada por Ethan. Ela não entende. Ela faz de tudo para agradar o marido, mas ainda assim ele parece não dar valor. A pior hora do dia para Danni é quando Belle vai para a escola de manhã e ela fica sozinha naquela casa grande e vazia, entregue à sua imaginação. Ela suspeita que Ethan está tendo um caso, mas não quer confrontá-lo e arriscar arruinar o que resta do relacionamento deles. Danni também não deseja que nenhuma de suas amigas saiba que ela está preocupada, porque não quer parecer carente ou menos que perfeita. Não quer arruinar a imagem de família ideal que construiu ao longo dos anos.

Ethan é empresário, mas, recentemente, seu negócio vem enfrentando dificuldades. Nos últimos dois anos, tem batalhado para conseguir novos clientes e salvar seu negócio em declínio. Ser um empreendedor pode ser solitário, às vezes. Embora tenha funcionários, é raro conversarem com ele sobre qualquer outra coisa que não seja trabalho. Como líder, cabe a ele tomar todas as decisões e nem sempre seus funcionários entendem o panorama geral e por que ele toca o negócio da maneira como faz. Além disso, Ethan sente que não pode compartilhar seus problemas com a esposa ou com os amigos. Também não são empresários, então ele não acha que seriam capazes de compreender as dificuldades pelas quais está passando. Acima de tudo, não quer decepcionar Danni. Ela não trabalha desde que Belle nasceu. Ele quer continuar sendo o único provedor da família. Ethan acredita que se sentiria inútil e não bom o bastante para a esposa se não pudesse sustentar a família. Tomado pelo estresse e pela decepção consigo mesmo, ele acha difícil se abrir e conversar com Danni.

 Morando a quilômetros de distância dali, em outro estado, está Fabian, um senhor de 70 anos. Ele é o pai de Ethan. A esposa de Fabian faleceu e ele vive sozinho há cinco anos. Ethan, seu único filho, não fala com ele há algum tempo, e Fabian também não quer iniciar contato porque eles não têm um bom relacionamento. Fabian sempre assumiu uma postura bastante crítica em relação a Ethan, e ele sabe que Ethan não gosta de estar próximo dele. Mas não consegue deixar de criticar Ethan porque tem altas expectativas em relação ao seu único filho. Morando sozinho, Fabian sente-se isolado e apartado da sociedade. As únicas pessoas com quem conversa são conhecidos nas mercearias e os garçons do restaurante onde faz suas refeições sozinho. Ele tem como principal companhia sua televisão.

1 **Você pode se sentir solitário, mas não está sozinho.**

Todos sentem solidão em algum momento, independentemente de você ser um adolescente, um adulto que trabalha ou um aposentado. Não importa se é solteiro, tenha união estável ou seja casado; se está sozinho ou acompanhado de outras pessoas; se é popular ou impopular, todos nos sentimos solitários às vezes quando estamos desconectados de nosso eu espiritual.

Do ponto de vista espiritual, somos amor. Nossa verdadeira essência é a do amor. Somos inseparáveis do amor. Também não há separação entre os outros e nós porque somos uma unidade. Estamos sempre conectados através dessa fonte universal de amor. O amor está sempre presente dentro de nós e à nossa volta.

INTRODUÇÃO

No entanto, do ponto de vista psicológico, nossas percepções mentais e crenças podem criar separação e nos desconectar da fonte de amor que está sempre presente em nós. Quando Amy *acha* que outras pessoas não gostam de ficar perto dela, ela está desconectada. Quando Candy *acha* que é uma excluída, ela está desconectada. Quando Belle *acha* que seu pai ama seu trabalho mais do que a ela, ela está desconectada. Quando Danni *acha* que seu marido a está traindo, ela está desconectada. Quando Ethan *acha* que ninguém vai compreender o que ele está passando, ele está desconectado. Quando Fabian *acha* que seu filho não quer falar com ele, ele também está desconectado.

Seja verdade ou não o que quer que você pense, no momento em que você *acredita* na história que seu ego lhe conta sobre quão separado você está de outras pessoas, haverá uma desconexão do amor interior e você se sentirá solitário.

O amor está sempre à nossa disposição dentro de nós

A maioria de nós acha que o amor vem de fora de nós. Acreditamos que nossa falta de amor gera nossa solidão. Assim sendo, se recebermos amor, atenção ou companhia de outra pessoa, acreditamos que nos sentiremos menos solitários. A verdade é que o amor está sempre à nossa disposição dentro de nós.

> Quando nos sentimos solitários, não é amor que nos falta. Somos nós que estamos desconectados do amor.

Desconexão não significa que o amor não esteja disponível para nós. É o contrário disso: nós é que não estamos disponíveis para receber o amor dentro de nós. Prestamos tanta atenção à nossa tagarelice mental que fechamos a porta para o amor e nenhum amor e calor humano podem fluir dentro de nós. Nossos corpos parecem frios e contraídos.

Deixe-me usar uma analogia para ilustrar essa ideia. Quando um aparelho elétrico é desconectado da tomada, não conseguimos mais usá-lo. Isso não significa que a eletricidade não está disponível. Significa apenas que o aparelho está desconectado da fonte de eletricidade. Precisamos conectá-lo de volta na tomada para que a eletricidade flua, o que permitirá que ele volte a funcionar. Da mesma maneira, quando você se sente sozinho, você está desconectado da fonte de amor, mas o amor não está ausente. O amor está sempre disponível para você em todos os momentos. Você só precisa se reconectar com o amor interior.

Buscar o amor de outra pessoa é como ir à casa dela e usar sua eletricidade. Sim, você pode usar a eletricidade dela, *caso ela permita que você o faça*. Mas e se ela não estiver em casa? E se ela nem mesmo estiver ciente de sua fonte elétrica e não puder conscientemente dar a você o que você quer? Não é mais fácil usar a eletricidade em sua própria casa? Afinal, você tem acesso direto a ela.

Nós, assim como outras pessoas, compartilhamos a mesma fonte de amor da mesma maneira que compartilhamos o mesmo fornecimento de energia elétrica em nossa casa. Não importa o que as outras pessoas tenham, nós também possuímos dentro de nós. Se não é esse o caso, de onde você acha que as pessoas que cobrem você de amor e atenção obtêm o amor delas? Quando somos consumidos pela solidão, a melhor coisa a fazer é inserir o *plugue* de volta na tomada e reconectar-nos à nossa própria fonte interna de amor.

Sobre este livro

Os amigos podem nos dar amor e apoio. Mas este livro não trata de fazer amigos ou construir melhores relacionamentos com os outros. Esta obra trata de eliminar os obstáculos psicológicos que nos impedem de nos sentirmos conectados aos outros, para começo de conversa. Trata de modificar nosso ponto de vista do mental para o espiritual. Ao mudar ou remover as histórias que nossos egos nos contam, nós nos aproximamos do amor que devemos ser.

As informações contidas neste livro não podem ajudá-lo a se livrar da solidão, mas *podem* ajudá-lo a abraçar a solitude e a enfrentar a solidão quando a vivenciar. A solitude pode ser boa para o crescimento espiritual, mas as pessoas tendem a confundir tal condição com solidão. Então, no começo, eu discuto as diferenças entre solitude e solidão. Você perceberá como está condicionado a se sentir solitário e as coisas sutis que faz para evitar a solidão. No Capítulo 3, você entenderá o propósito maior da solidão e por que sentir-se solitário não é algo que você deva evitar. Também abordo o que fazer quando você se sentir solitário.

A Parte 2 do livro se aprofunda nas causas de nossa contínua desconexão. O foco aqui está na "estrutura da história" que o ego se utiliza para nos manter desconectados do amor e das outras pessoas. Ela também explora algumas de nossas experiências, crenças e hábitos passados comuns para nos ajudar a compreender como eles contribuem para a história construída pelo ego.

Por fim, na Parte 3, há algumas perguntas para ajudá-lo a refletir e reescrever as histórias do seu ego. A natureza do amor – o que é e o que não é – é discutida de um ponto de vista espiritual e como você pode praticar a solitude para aprofundar sua conexão com o amor. Depois de mergulharmos fundo, terminamos o livro indo mais longe. No último capítulo, há algumas sugestões para ajudá-lo a se conectar melhor com os outros partindo de um estado de amor e espiritualidade.

Então, agora, vamos começar entendendo a diferença entre solitude e solidão.

PARTE 1

Enfrentando a Solidão

CAPÍTULO 1

O Equívoco de Confundir Solitude com Solidão

> "Solidão e solitude são duas coisas diferentes. A solitude é melhor para nós, pois significa estar sozinho sem se sentir solitário."
>
> – Elif Shafak, *The Forty Rules Of Love*

Após atuar como professor particular por dois anos, comecei a me sentir isolado. Embora eu goste de trabalhar sozinho e da liberdade que meu trabalho me proporciona, isso afetou um pouco minha vida social. Meus amigos quase não me ligam mais porque, em geral, estou dando aula nos horários em que eles estão livres.

Em princípio, pensei que me sentiria muito melhor se tomasse a iniciativa e entrasse em contato com meus amigos. Mas depois de falar com alguns deles, percebi que fomos nos distanciando aos poucos por causa das escolhas que fizemos. Eu sou autônomo, mas a maioria deles possui vínculo empregatício, trabalhando em uma empresa. Sou solteiro, mas boa parte deles é casada e tem filhos. Meus amigos não entendem o que eu faço como autor e por que escolho escrever livros. Eu, por outro lado, não entendo direito o que é ser pai e não compartilho mais das mesmas dificuldades que eles têm na posição de funcionário.

E, acima de tudo, depois de me recuperar da depressão, eu não era a mesma pessoa que costumava ser. Estou em um lugar muito diferente, psicológica e espiritualmente. Minhas prioridades, valores e interesses mudaram de modo drástico. Quando me encontro com pessoas de quem era chegado, não me sinto mais próximo delas, e sei que tenho que fazer novos amigos.

Então, no fim de 2017, voltei a participar de eventos sociais para conhecer pessoas novas que pensam da mesma forma que eu. Juntei-me a grupos de pessoas que têm personalidades e interesses semelhantes aos meus. Foi ótimo no começo, mas, depois de um tempo, senti que algo estava faltando. Com a maioria das pessoas, ainda não sinto as profundas conexões que desejo. Além disso, algumas das pessoas com quem sinto uma conexão profunda não parecem estar interessadas em desenvolver um vínculo mais próximo comigo.

1 A solidão é uma jornada que temos que percorrer sozinhos. Nossa desconexão interna não pode ser resolvida por conexões externas.

CAPÍTULO 1

Depois de mais dois anos de busca, finalmente percebi que a solidão não se deve à falta de conexão externa. É um resultado de desconexão interna. Sentimo-nos solitários porque perdemos nossa sintonia com o amor e a abundância interior. Estamos, antes de tudo, desconectados de nosso verdadeiro eu. Isso, por sua vez, faz que nos sintamos desconectados de outras pessoas.

A maioria de nós acredita erroneamente que, quando interagimos com os outros, fazemos mais amigos, ou encontramos uma alma gêmea, nossos sentimentos de solidão se dissipam. Mas isso não funciona, porque estar sozinho não é a causa da nossa solidão. Sentimo-nos solitários por causa de nosso desejo insaciável de conexão profunda e relacionamentos ideais. Então, mesmo quando temos um amigo ou parceiro amoroso e solidário ao nosso lado, ainda ficamos desapontados porque estamos focados no que está faltando em nossos relacionamentos. Nossa desconexão com outras pessoas é algo secundário ao vazio que sentimos por dentro. Na melhor das hipóteses, as pessoas podem aliviar temporariamente nossa solidão. Mas o sentimento de solidão logo voltará se nossa desconexão interna persistir.

Estar só *versus* sentir-se solitário

Estar sozinho não é o mesmo que se sentir solitário, embora seja fácil confundir os dois. Primeiro, há uma diferença entre *sentir* e *ser*. A solidão é o sentimento de falta. Você sente que algo ou alguém está faltando em sua vida. É como se ninguém se importasse com você, ninguém o entendesse, ninguém o apoiasse e ninguém tivesse as mesmas experiências que você. É também um sentimento de desconexão, isolamento, separação e desejo de mais. Na maioria das vezes, esse sentimento de solidão é criado por seus pensamentos e crenças. Solitude, estar sozinho, por outro lado, é meramente um estado de estar dentro de si mesmo. Eles não são mutuamente inclusivos.

> *1* Você pode estar só e de maneira alguma sentir-se solitário, ou pode se sentir muito solitário mesmo cercado de pessoas.

Por exemplo, quando está meditando, você pode estar fisicamente sozinho e ainda se sentir muito conectado consigo mesmo, com as pessoas ao seu redor e com o mundo. Você também pode viajar sozinho e encontrar muita liberdade e alegria nisso. A solitude pode nos ajudar a processar nossas emoções, tornar-nos mais autoconscientes e aprofundar nossa essência espiritual. Pode ser lindo, especialmente se você optar por ficar sozinho.

Por outro lado, casais "casados" e namorados não estão imunes à solidão. Eles podem se sentir solitários em seu casamento e relacionamentos também, se sentirem *falta* de conexão emocional com seu parceiro. Além disso, estar em grupos nem sempre nos traz a sensação de pertencimento. Alguns de nós nos sentimos pior quando estamos cercados por outras pessoas e percebemos que nenhuma delas nos entende. Isso só nos lembra do quanto não nos encaixamos.

Muitas vezes, o que nos incomoda não é a solitude, mas como achamos que os outros nos perceberão se estivermos sozinhos. Algumas atividades, como assistir a um filme ou comer, podem ser realizadas sem companhia, mas nos sentimos desconfortáveis em fazê-las em público porque temos medo de sermos julgados pelos outros. Fazer coisas sozinho em público nos faz parecer perdedores que não têm amigos. Mesmo que tenhamos que comer sozinhos em público, alguns de nós usam os telefones celulares e fingem estar ocupados no trabalho, ou enviam mensagens de texto para minimizar o julgamento que imaginamos que os outros têm sobre nós.

Nosso próprio julgamento sobre estar sozinho evoca nosso sentimento de solidão. Acreditamos que estar sozinho é ruim ou menos desejável do que estar em grupo ou em par. Então, quando andamos sozinhos na rua e vemos casais namorando ou um grupo de pessoas, nós nos sentimos mal conosco e desejamos ter alguém ao nosso lado, para não sentirmos falta. No entanto, há uma diferença sutil aqui. Não é o nosso estado de estar sozinho que nos faz sentir solitários. É a nossa percepção negativa de estarmos sozinhos. Se você está sozinho e está bem com isso, então há apenas solitude. A solidão só vem quando você está insatisfeito por estar sozinho.

Como ficamos com medo e vergonha de estar sozinhos

Uma vez minha aluna, Jade, me perguntou:
– Você é casado?
– Não, eu sou solteiro – respondi.

Ela exclamou:

– Isso é tão triste!

Fiquei surpreso com sua reação exagerada e pensei comigo mesmo: *Desde quando ser solteiro é um estado infeliz de ser?*

Desde jovem, sempre fui mais introvertido. Gosto de passar tempo sozinho e fazer minhas coisas. Estar sozinho não me incomoda muito. Na verdade, isso me energiza e faz eu me sentir recarregado. Então, perguntei a Jade por que ela achava que ser solteiro é triste. Ela disse que sua família continua dizendo para ela se casar. Afirmam que, se ela não se casar, ficará sozinha quando envelhecer. Embora minha aluna tenha apenas 16 anos, fico impressionado com a pressão que ela recebe de seus pais para começar sua própria família.

Mas ela não é a única. Meus irmãos e eu com frequência somos pressionados por nossos pais para encontrar uma namorada e nos casar. Nosso pai, em particular, nos lembra de como seremos infelizes se não tivermos filhos para nos sustentar quando formos idosos. Ele diz que somos tolos em não planejar uma família.

> **Desde jovens, nossas famílias e a sociedade nos passam a mensagem de que não é aceitável ficar sozinho.**

CAPÍTULO 1

- Não é normal ser solteiro.
- Estar sozinho é assustador.
- A solidão é ruim.
- Você vai se sentir solitário se não se casar.
- Ninguém pode lidar com a solidão.
- Somos incompletos e inadequados se estivermos sozinhos.
- Devemos nos esforçar para evitá-la.
- Precisamos dos outros para nos sentirmos inteiros e completos.

Mesmo que não digam em voz alta, nossos pais inconscientemente projetam em nós o medo e a vergonha de se estar sozinho. Também somos condicionados pela sociedade a encontrar um parceiro, casar e constituir família.

Quer tenhamos o desejo ou não, essa é a norma social e nos sentimos julgados quando nos desviamos da norma.

Uma vez uma leitora me disse que quer ter um parceiro e filhos, mas ela se sente bastante deprimida. Acha que não vai acontecer porque ela está ficando velha. Por curiosidade, perguntei-lhe por que ela quer começar uma família. Inicialmente, ela me disse que queria ter filhos, ser íntima e compartilhar sua vida com alguém. Mas, conforme eu me aprofundei, ela disse que odeia ficar sozinha o tempo todo. Sente-se como se estivesse sendo desprezada. As pessoas têm perguntado quando ela vai encontrar um namorado e se casar, porque ela se encontra na casa dos 40 anos e está ficando tarde demais para ter filhos. Foi quando percebi que seu desejo de ser aceita e aprovada pelos outros é muito mais forte do que seu desejo de ter um parceiro. Ela não quer encontrar um parceiro para ter um relacionamento amoroso. Quer um parceiro para impedir que outros a julguem.

É a mesma coisa com meu pai. Quando investiguei mais, percebi que suas ações são resultado de pressão social e vergonha. Seus amigos se gabam do número de netos que têm e o envergonham por ser um pai ruim que não sabe como ensinar seus filhos a constituir uma família. Ele se sente julgado, e é por isso que precisa nos lembrar constantemente que devemos nos casar.

Devido ao estigma social de se ser solteiro e sozinho, alguns de nós nos apegamos a outra pessoa ou nos juntamos a uma comunidade às pressas apenas para evitar sermos julgados. Mas, ao fazermos isso, podemos acabar num casamento infeliz ou com amizades doentias. Mais importante: sacrificamos nossa integridade emocional pela aceitação social.

A sua solidão é resultado do condicionamento social?

Quando você se sente solitário, consegue dizer se a emoção surge de forma autêntica ou é fortemente influenciada por crenças que você adotou da sociedade? Em outras palavras, seu sentimento de solidão é resultado de não atender às expectativas de outras pessoas? Você se sente insatisfeito porque a sociedade lhe diz isso?

O problema de aderir às normas sociais é que perdemos o contato com nossos verdadeiros desejos e emoções. Não sabemos mais como nos sentimos e não sabemos o que queremos. Contamos com a sociedade e outras pessoas para nos dizer como *devemos* nos sentir e o que *devemos* desejar. Adotamos as crenças coletivas da sociedade sem duvidar se essas crenças são verdadeiras ou não para nós. Por exemplo, nossas crenças podem incluir:

→ Estar sozinho fará que você se sinta solitário.

→ Casar-se é melhor do que ficar solteiro.

→ Se você é solteiro, algo deve estar errado com você.

→ Parece patético jantar, ir ao cinema ou viajar sozinho.

→ Depois de encontrar um parceiro, você não ficará solitário.

→ Ter uma vida social ativa fará que você se sinta realizado e conectado.

Mesmo que seus amigos e familiares possam ser bem-intencionados, eles estão compartilhando com você o que *eles* acreditam que os faria se sentirem solitários e como *eles* lidam com isso. Mas ninguém pode dizer exatamente como você deve se sentir e o que desejar. Só porque os outros se sentem solitários quando estão sozinhos não significa que você também se sentirá, ou que você *deveria* se sentir da mesma maneira. Só porque alguém quer se casar e ter filhos não significa que você também precise. E só porque alguém não sabe como lidar com a solidão não significa que você não possa lidar com ela. Estas são as crenças deles, não as suas.

> As emoções devem ser subjetivas e sentidas no momento. No entanto, permitimos que outros determinem como devemos nos sentir.

Em vez de permitir que nossas emoções se manifestem naturalmente como e quando ocorrerem, usamos condições que adotamos da sociedade para predeterminar nossas emoções. *Se fizermos isso, nós nos sentiremos solitários. Se fizermos aquilo, nós não nos sentiremos solitários.* Mas essas emoções predeterminadas não são autênticas. Não apenas são baseadas nas opiniões de outras pessoas, mas também nos levam a dizer a nós mesmos como devemos nos sentir em uma determinada situação, em vez de nos permitir sentir o que realmente estamos sentindo. As emoções não funcionam como uma fórmula matemática ou um código de programação: *se você fizer A, com certeza obterá B*. Nem sempre é tão simples. A verdade é que, para alguns de nós, mesmo que alcancemos os objetivos que nos propusemos, ainda não sentiremos o que *achamos* que deveríamos sentir. Cada contexto é único. Às vezes, você pode se sentir solitário quando está sozinho, enquanto outras vezes, não. Em geral, depende do que você está pensando no momento. Você não pode planejar suas emoções. Mas quando adotamos essas regras e condições sociais, acabamos nos sentindo solitários com mais frequência do que o necessário. Criamos estresse, resistência e ansiedade desnecessários para nós mesmos. Achamos que precisamos criar certas condições antes de nos sentirmos felizes. E quando não o fazemos, nos sentimos péssimos – como minha leitora, que se sente solitária e deprimida porque acredita que precisa se casar e ter filhos até certa idade. As pessoas que são solteiras e da mesma idade, mas que não têm essas crenças sociais, estão mais em paz do que ela porque não sentem a pressão de se casar.

Emoções como a solidão nos dão *insights* valiosos. Mas há uma diferença entre a solidão que você sente no momento e a solidão que você diz a si mesmo que *deveria* sentir porque está carente de algum modo. Quando nos concentramos em atender às condições sociais, em vez de nos sintonizarmos com nosso sistema de orientação interno, confundimos as informações fornecidas por esse sistema e não obtemos uma leitura precisa sobre como realmente nos sentimos. Em vez disso, confundimos o que queremos com o que a sociedade quer de nós e nos treinamos para atender às expectativas dos outros.

// Nossa proteção contra a solidão é exatamente o que mantém a solidão intacta.

Além disso, quando somos condicionados a ter medo da solidão e acreditar que ela é ruim para nós, deixamos de ver seu propósito. Desenvolvemos estratégias para evitar a solidão e estruturamos nossa vida em torno da solidão. Sentindo-se sozinho em casa numa noite de sexta-feira? Vá para o bar. Está sozinho? Chame um amigo. Seus amigos não estão disponíveis? Assista à televisão, navegue na internet ou encontre outra coisa para se ocupar. Se as estratégias que adotamos são positivas ou negativas não vem ao caso. Em vez de viver a vida que desejamos, vivemos uma vida projetada para *impedir* os sentimentos *que não queremos*. Quando não aceitamos e não acolhemos nossos sentimentos, continuamos repetindo os mesmos velhos hábitos que perpetuam nossa solidão, o que apenas nos move para ainda mais longe do amor – não para mais perto.

CAPÍTULO 2

Como Evitamos a Solidão

> "A tarefa espiritual não é evitar sua solidão, não é se deixar afogar nela, mas encontrar sua fonte."
>
> – Henri Nouwen, *The Inner Voice Of Love*

Em outubro de 2018, depois que meus alunos concluíram os exames, eu não tinha mais aulas para dar pelo restante do ano. Em princípio, pensei que seria um bom momento para passar algum tempo sozinho para recarregar as energias e escrever este livro. No entanto, à medida que as férias se aproximavam, tive outras ideias.

Uma noite, peguei-me planejando umas grandiosas férias de um mês. Eu estava navegando em um *site* chamado *Worldpackers*, uma plataforma que permite que as pessoas troquem seu tempo por hospedagem e alimentação em outro país. Um ótimo *hostel* em Bangkok, na Tailândia, chamado *The Yard* me chamou a atenção e fiquei empolgado com as possibilidades. Tinha uma vibração familiar e a sensação de pertencimento que eu ansiava. Havia aula de culinária às segundas-feiras, exibição de filmes ao ar livre às quartas, música acústica às sextas e yoga aos sábados – todas as coisas que eu amo fazer. Além disso, eles estavam procurando um escritor para seu *blog*. Eu poderia trocar minhas habilidades de escrita por um mês de hospedagem no *hostel*. Eu também teria dias de folga para viajar por Bangkok, uma cidade que eu nunca tinha visitado antes. Que grande experiência seria! Quase me candidatei, mas então me dei conta:

1 **Tudo parecia perfeito, exceto pelo fato de que eu estava procurando evitar a solidão.**

Nos dois meses anteriores, eu havia estado tão ocupado ajudando meus alunos com seus exames que não estava socializando. Quando descobri o *The Yard* na internet, já estava evocando fantasias em minha mente. Olhando para os comentários e fotos, fantasiei sobre como minhas experiências seriam significativas e como seria bom fazer novos amigos e ser próximo deles. Imaginei que nos tornaríamos amigos para a vida toda, como uma família, e eu finalmente pertenceria a um grupo. Minha mente até me convenceu de que a experiência me inspiraria a escrever este livro, porque eu descobriria como é não me sentir mais solitário.

CAPÍTULO 2

Mas depois de retornar um pouco à realidade, percebi que minha mente estava no *hostel* antes mesmo de eu estar lá fisicamente. Ao contrário do que minha mente me disse, é improvável que haja tempo para sentar-se em silêncio e redigir um livro e interagir ao mesmo tempo com outras pessoas e trabalhar para elas. Além disso, eu podia notar o mesmo velho padrão que minha mente estava criando. Minha mente tem o hábito de idealizar relacionamentos e fantasiar sobre o futuro. Ao criar tantas expectativas a respeito da viagem, eu já estava me preparando para a decepção. Houve muitas ocasiões no passado em que achei que finalmente havia encontrado um grupo que poderia me transmitir uma sensação de pertencimento, mas acabei sentindo que não me encaixava. Eu tinha algumas crenças arraigadas que estavam causando essa desconexão. Mas, em vez de abordar a questão e meus sentimentos de solidão, minha mente sempre cria tais cenários maravilhosos e ideais do que algo poderia ser. Então, quando as coisas não saem conforme o imaginado, meu crítico interior entra em cena e diz: *Eu avisei. Ninguém gosta de você. Você não se encaixa em lugar nenhum.* E me sinto mal comigo mesmo novamente.

Muitos de nós lidam com a solidão evitando-a.

Em vez de abordar nossas emoções diretamente, nossa mente está sempre procurando a próxima coisa para preencher nosso tempo e atenção, para que não tenhamos espaço para nos sentirmos solitários. Mas o alívio que essas atividades oferecem é apenas temporário. São soluções rápidas que entorpecem nossas emoções dolorosas. Semelhante aos analgésicos, uma vez que os efeitos desaparecem, os sentimentos de solidão retornam. Então, temos que continuar contando com essas atividades para nos manter ocupados. Se não tomarmos cuidado, podemos nos tornar viciados nelas. Isso, por sua vez, cria outro conjunto de problemas com os quais devemos lidar. Além disso, quando não lidamos com nossos sentimentos quando eles surgem pela primeira vez, permitimos que eles se intensifiquem e adquiram impulso. Uma vez que a solidão se torna crônica, é muito mais difícil lidar com ela do que quando ela aparece pela primeira vez.

Neste capítulo, exploraremos as quatro coisas que costumamos fazer para fugir da solidão, para que você possa se controlar antes de evitar suas emoções.

Fantasiar: o uso de ilusões para se sentir conectado

Fantasiar ou idealizar é uma estratégia que uso com frequência para lidar com a solidão. Quando criança, eu brincava e conversava com meus brinquedos sozinho. Eles eram meus amigos imaginários. Essas fantasias compensavam minha falta de conexões sociais e emocionais na época. Mas, mesmo hoje, ainda tenho como hábito conversar com outras pessoas na minha cabeça.

A fantasia nos dá a ilusão de que somos amados e conectados aos outros. Quando fantasiamos, em geral, não percebemos que estamos nos sentindo solitários, porque estamos preocupados com as imagens positivas em nossa mente. Fantasiar é uma técnica autotranquilizante que as

CAPÍTULO 2

crianças usam para proporcionar alívio imediato do desconforto. Quando crianças, usamos nossa imaginação para nos proteger de dores emocionais e situações difíceis, como negligência, abandono, abuso e outros traumas. Sendo pequenos e impotentes, não há muito que possamos fazer para sair de situações problemáticas, exceto imaginar um cenário melhor. Fantasiar que nossos pais ou outra pessoa lá fora nos ama pode ajudar a aliviar nossa ansiedade de separação e desconexão.

Já adultos, alguns de nós ainda usam essa mesma técnica. Quando queremos nos aproximar de alguém, mas não acreditamos que podemos, criamos uma ilusão para aliviar a impotência que sentimos. Imaginamo-nos em um relacionamento romântico ou pensamos que estamos próximos dos outros para podermos escapar de nossos sentimentos de solidão. Às vezes, também imaginamos que somos especiais, queridos e populares entre nossos pares e como somos admirados por eles. Isso nos dá uma falsa sensação de aceitação e pertencimento. Além disso, é fácil e divertido fantasiar. Em um piscar de olhos, podemos obter tudo o que queremos em nossas fantasias sem precisar fazer nada. Estamos no controle de nossa imaginação. Todos em nossos sonhos nos obedecem e nós nos sentimos poderosos.

No entanto, sempre que comparamos nossa imaginação com a realidade, não raramente ficamos desapontados. As pessoas muitas vezes não são tão amorosas quanto imaginamos que sejam. Não podemos controlar os outros e fazê-los se comportar na vida real como o fazem em nossas fantasias. Isto, acima de tudo, nos lembra que não podemos ter o que queremos, somos falhos em certos aspectos, ou não somos tão desejáveis e significativos quanto pensamos que somos.

1 Não faz mal fantasiar de vez em quando. Mas não use uma proximidade imaginária como substituta da intimidade real.

Fantasiar em excesso pode atrapalhar as conexões autênticas. Quando idealizamos os outros, não os vemos como são. Em vez de dedicarmos tempo conhecendo outra pessoa, passamos tempo em nossa mente. Achamos que estamos apaixonados por alguém quando na verdade estamos apaixonados pela imagem perfeita que nossa mente criou da outra pessoa. Além disso, fantasiar não oferece riscos. Podemos estar perto de alguém e essa pessoa nunca nos rejeitará. Isso nos permite fingir que estamos em um relacionamento amoroso com alguém, mantendo ao mesmo tempo uma distância emocional dessa pessoa e de nós mesmos. No entanto, essa distância emocional é precisamente o que faz que alguns de nós se sintam solitários, para começo de conversa. Por não sermos abertos e verdadeiros sobre nossas emoções, nossos relacionamentos carecem de profundidade.

As conexões autênticas exigem que sejamos abertos e vulneráveis. Fazer isso significa que primeiro temos que explorar e estar em contato com nós mesmos e depois compartilhar nossos pensamentos e sentimentos mais profundos com outra pessoa. Isso é arriscado porque as pessoas podem nos julgar e nos rejeitar, ou podem não querer nos ouvir falar sobre nossos sentimentos. Mas é aqui que normalmente reside a conexão real e significativa com os outros.

Dependência: contar com os outros para obter amor e companhia

Outra coisa que costumamos fazer para evitar a solidão é depender dos outros. Eu tinha um amigo na escola que queria um companheiro para tudo o que fazia. Embora não conversássemos muito quando estudávamos, ele se sentia mais confortável quando estudava com outra pessoa. Antes mesmo que a solidão pudesse aparecer, ele se certificava de que havia pessoas à sua volta com quem pudesse conversar.

Quando crianças, somos treinados a acreditar no poder dos outros. Enquanto crescemos, dependemos de nossos pais e cuidadores para ter amor, alimento, abrigo e tudo o mais. Ao chegarmos à idade adulta, teremos aprendido a cuidar de nossas próprias necessidades físicas. Mas quando se trata de necessidades emocionais, a maioria de nós transfere essa responsabilidade de nossos pais para nossos amigos e, mais tarde, para nosso cônjuge.

> Estamos constantemente buscando por amor, apoio e felicidade nos outros, sem perceber que a melhor pessoa capaz de atender às nossas necessidades emocionais reside dentro de nós mesmos.

Quando transferimos nossas responsabilidades para os outros, entregamos também, sem saber, nosso poder e criamos dependências. Precisamos que outras pessoas estejam ao nosso lado para não nos sentirmos solitários. Precisamos da legitimação e atenção de outras pessoas, antes que possamos nos permitir acreditar que podemos ser amados e somos bons o suficiente. Se as pessoas se distanciam de nós, começamos a nos sentir inseguros e nos agarramos a elas. Em vez de cuidar de nossas próprias emoções, nosso estado emocional depende muito do que as outras pessoas fazem ou não fazem. De certa forma, ainda somos crianças: impotentes e esperando que os outros nos ajudem a cuidar de nossas emoções.

É ótimo ter apoio emocional e amor de nossos amigos e familiares, mas se continuarmos recorrendo a eles sempre que nos sentirmos solitários, não desenvolveremos as habilidades necessárias para lidar com nossas próprias emoções. E, acima de tudo, reafirmamos que o amor vem de fora e perdemos de vista o amor que está sempre dentro de nós.

Em casos extremos, alguns de nós têm tanto medo de se sentirem sozinhos que permanecem num relacionamento qualquer. Alguns de nós preferem pular de um relacionamento para o outro, ou permanecer em relacionamentos nocivos que sabemos que não são bons para nós, do que permanecer solteiros. Tornamo-nos tão dependentes dos outros que achamos difícil funcionar sozinhos no mundo sem nos sentirmos solitários.

Divergência: focar nos outros em vez de em si mesmo

Em vez de atender às nossas próprias emoções e reconhecer como nos sentimos, alguns de nós ignoram a solidão concentrando-se em outras pessoas e seus problemas. Fazer isso tira a atenção de nós e nos mantém ocupados. Quando nos preocupamos com os problemas de outras pessoas, não temos tempo para pensar em nossos próprios problemas. Isso nos distrai de nossas emoções desagradáveis e não percebemos quão solitários realmente nos sentimos porque estamos ocupados cuidando dos outros.

Esse é também um comportamento aprendido que é passado de geração para geração. Desde tenra idade, a maioria de nós é ensinada a agradar os outros e a colocar as necessidades de outras pessoas acima das nossas. Somos elogiados quando fazemos o que nossos pais querem. Mas se não fizermos o que nos mandam, eles podem ficar descontentes conosco ou nos repreender. Para sermos amados por nossos pais, aprendemos a agradá-los e a negligenciar nossos desejos no processo. Nossos sentimentos e desejos tornam-se menos importantes em comparação com os outros. Então, quando crescemos, nossas emoções muitas vezes não são uma prioridade. Em vez disso, examinamos o ambiente em busca de problemas que outros possam ter e prontamente oferecemos nossa ajuda.

> É menos doloroso consertar os problemas dos outros do que consertar os próprios.

No entanto, se ignorarmos o que sentimos e nos concentrarmos demais nos outros, começamos a perder contato com nossos sentimentos. Ficamos sem limites emocionais e podemos facilmente ser afetados pelos outros. Quando as outras pessoas estão felizes, nós estamos felizes. Quando elas estão tristes, nós estamos tristes. Torna-se mais difícil para nós diferenciar nossos sentimentos dos de outras pessoas. Alguns de nós se tornam codependentes. Sentimos uma necessidade compulsiva de sermos necessários. Continuamos nos preocupando com os problemas de outras pessoas e acreditamos que elas não podem resolvê-los sem nossa ajuda. Então, continuamos cuidando delas à custa de nós mesmos, e nos consumimos em nossos relacionamentos. Torna-se difícil romper com relacionamentos disfuncionais e parar de suportar comportamentos prejudiciais porque nosso senso de identidade depende do quanto os outros precisam de nós.

Por fim, ambas as partes do relacionamento não serão capazes de crescer. Não há incentivo para a pessoa dependente mudar, porque ela pode contar com a pessoa codependente para fazer tudo por ela. Ela sabe que não importa o que faça ou quão prejudicial seja seu comportamento, a pessoa codependente não a deixará. A pessoa codependente, por outro lado, pode se sentir ressentida por se dedicar demais, enquanto subconscientemente ela não pode permitir que a pessoa dependente se torne mais autossuficiente. Se a pessoa dependente crescer e se tornar autossuficiente, como a pessoa codependente poderá satisfazer sua *necessidade de ser necessária*? Assim, uma vez que duas pessoas estão presas a esse tipo de padrão, é provável que mantenham o *status quo*.

Entorpecimento: usar substâncias e praticar atividades para evitar sentir dor

O entorpecimento é algo que fazemos inconscientemente. Quando sentimos vergonha, tristeza, medo, estresse ou outras emoções dolorosas, tendemos a amortecê-las com substâncias e atividades. A solidão é uma das emoções que abafamos com frequência para evitar sentir. Sempre que nos sentimos sozinhos, alguns de nós pegam um cigarro, um copo de vinho ou um pote de sorvete. Outros se mantêm ocupados com atividades de trabalho ou recreativas, como fazer compras, assistir a vídeos e jogar.

Hoje em dia, é fácil nos entorpecermos porque há uma enorme variedade de prazeres sensoriais e atividades disponíveis para consumir e participar. Às vezes, nos envolvemos nessas atividades com outras pessoas para nos dar uma falsa sensação de pertencimento. Por exemplo, as pessoas fazem uma pausa para fumar juntas ou bebem álcool socialmente para tentar se encaixar e se sentir mais aceitas e relaxadas em torno dos outros.

> Quando entorpecemos nossa dor, entorpecemos também nossa alegria.

Nas aparências, parece que nada está errado com a autoindulgência. Mas quando continuamos usando várias atividades para anestesiar nossa dor emocional, já não extraímos alegria de nossas atividades. O entorpecimento não apenas reduz a intensidade de nossas emoções desagradáveis, como também entorpece nossas emoções positivas, nossa alegria e nossa paixão. Em vez de aproveitar a vida, acabamos nos sentindo como robôs que ficam repetindo as mesmas coisas várias vezes.

Além disso, algumas das substâncias que usamos e atividades que praticamos são altamente viciantes, embora possam parecer inofensivas ou mesmo desejáveis, em princípio; por exemplo, exercitar-se, trabalhar e usar mídias sociais e *smartphones* para se conectar com outras pessoas. Ao fazermos as mesmas coisas repetidas vezes, nós nos condicionamos a confiar nessas substâncias e atividades. Uma vez que nossa mente associa conforto a elas, romper pode ser um desafio. Não podemos deixar de lado essas substâncias ou atividades sem sentir uma necessidade compulsiva de usá-las ou fazê-las. Além disso, uma vez que começamos a ter uma maior tolerância a atividades viciantes, temos que ampliá-las para obter os mesmos efeitos e conforto que elas trazem.

Assim que o entorpecimento se torna nossa maneira habitual de lidar com a solidão, nem sentimos mais nossa solidão. Lançamos mão automaticamente das coisas que nos dão conforto e não conseguimos parar, porque, uma vez que pararmos, todas as emoções que estávamos evitando aparecerão.

Como evitar a solidão

Evitamos a solidão com mais frequência do que imaginamos. Hoje em dia, todo mundo parece muito ocupado, mas se você se perguntar: "Com o que estou ocupado?", poderá descobrir que a maioria das coisas que você faz não é importante. Elas só são úteis para esconder sua solidão. Para evitar a solidão, pare com frequência e verifique como está se sentindo. Preste atenção especial aos momentos em que você está usando a tecnologia. É fácil ficar inconsciente quando usamos a tecnologia. Pergunte a si mesmo: *eu realmente gosto de fazer isso?* Não há nada de errado em curtir um bom filme ou navegar na internet se essa for sua intenção. Mas, muitas vezes, permitimos que nossa mente entre no piloto automático e continuamos a fazer coisas mesmo quando perdemos o interesse por elas. Às vezes, fazemos coisas de maneira automática sem perceber que estamos usando essas atividades para nos distrair de sentir e de pensar. Portanto, é um bom hábito fazer uma pausa, observar o que você está fazendo de tempos em tempos e verificar se está evitando suas emoções.

Outra maneira de descobrir se você está evitando seus sentimentos é sentar-se por alguns minutos e *não fazer nada*. Não fazer nada inclui não fantasiar sobre o futuro, ruminar sobre o passado ou pensar em qualquer coisa. Isso realmente significa não fazer nada. Apenas siga sua respiração e preste atenção em seu corpo enquanto ela se expande e se contrai. Depois de um tempo, sua mente pode começar a sugerir algumas atividades. Escreva-as. Elas são o que você normalmente usa para evitar sentir suas emoções.

Quando você entender como escapar da solidão, da próxima vez que estiver envolvido em uma atividade, pergunte a si mesmo: *Estou fugindo de uma emoção? Eu realmente quero fazer isso?* antes de decidir se continua ou não a atividade.

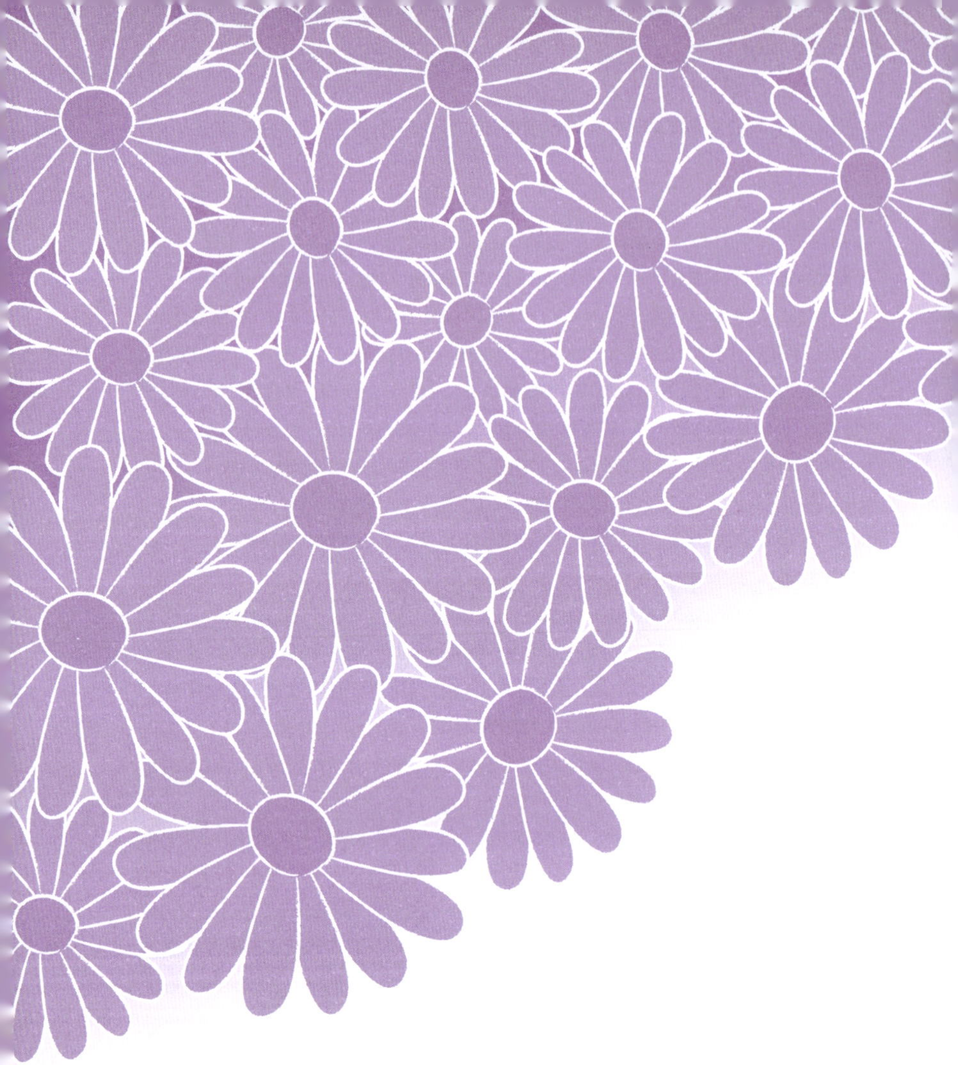

CAPÍTULO 3

O que Fazer Quando Você se Sentir Solitário

> "Quando não lutamos contra a solidão, ela se transforma em algo que nos ajuda a encontrar nosso propósito na vida."
>
> – Paulo Coelho

A solidão raramente vem sozinha. Em geral, é acompanhada por outras emoções. Por exemplo, a vergonha entra em cena quando justificamos as razões pelas quais estamos sozinhos e nos sentimos excluídos. Achamos que talvez não sejamos dignos de sermos amados e não somos bons o suficiente para outras pessoas.

É por isso que a experiência de um indivíduo com a solidão pode ser diferente da de outro. Também é difícil dizer qual emoção veio primeiro – a solidão ou outra emoção, porque quase sempre elas se alimentam uma da outra. Alguém que se sente deprimido muitas vezes também se sente solitário, porque tende a se isolar das outras pessoas, pensando que ninguém entenderá o que está passando. Por outro lado, alguém que sofre de solidão crônica pode ficar deprimido quando se sente sem esperança em sua situação e não acredita que sua vida vai melhorar.

Então, quando resistimos à solidão, não estamos apenas evitando a solidão. Não raro evitamos algumas das seguintes emoções que comumente se manifestam, com a solidão.

Vergonha

Esse sentimento nos diz quais aspectos de nós mesmos são indignos de amor. Quando nos sentimos envergonhados, escondemos esses aspectos de nós mesmos ou nos distanciamos dos outros. Mas isso só nos torna mais solitários.

Medo

Temos medo de sermos isolados, abandonados ou excluídos pelos outros. Por isso, agradamos as pessoas e mudamos a nós mesmos para nos encaixarmos com outros apenas para nos darmos conta de que deixamos para trás nossa verdadeira essência no processo e nos sentimos mais solitários do que nunca.

CAPÍTULO 3

Luto

Perder alguém importante em nossa vida pode fazer com que nos sintamos solitários. Aquele indivíduo que nos impedia de nos sentirmos sozinhos se foi. Parece que ninguém mais pode substituir essa pessoa especial em nosso coração.

Ansiedade

A solidão pode desencadear muita ansiedade quando sentimos que as pessoas estão se distanciando de nós. Também podemos nos sentir desamparados e desprotegidos quando estamos sozinhos.

Desespero

Perder a esperança de encontrar intimidade e conexões significativas prolonga o sentimento de solidão. Você se sente tão desconectado do mundo e de todos os outros que a vida parece sem sentido.

Rejeição

Queremos ser aceitos por um grupo ou amados por alguém, mas os sentimentos não são mútuos e não são recíprocos. Então, sentimo-nos desconectados e indesejados pelos outros.

Inveja

Quando vemos outras pessoas felizes juntas, e não fazemos parte de um grupo ou de um relacionamento como elas, às vezes, sentimos inveja. A felicidade dos outros nos lembra o que não temos e como somos solitários.

Incompreensão

Podemos ter muitos amigos que nos conhecem em um nível superficial, mas não nos conhecem de modo profundo o suficiente. Às vezes, também podemos ter uma sensação de isolamento, ou como se todos estivessem contra nós, quando nos sentimos incompreendidos.

Para alcançarmos o amor que reside profundamente em nós, as emoções escondias dentro de nosso corpo precisam ser trazidas à tona, expressas e liberadas, mesmo que a mente tente se esquivar da dor. Precisamos reconectar a mente para que não percebamos o processamento da emoção como doloroso. Na verdade, pode ser gratificante quando compreendemos o propósito mais profundo de nossas emoções.

O propósito da solidão

A solidão, assim como outras emoções, tem um propósito. Seu objetivo é nos lembrar de nos reconectarmos com a parte mais profunda de nós mesmos, que é o amor puro.

CAPÍTULO 3

Ela nos mostra que em um determinado momento estamos desconectados de nosso coração e amor.

Sentir-se solitário é o mesmo que sentir sede, fome e cansaço – no sentido de que quando você sente sede e fome, você bebe água e come comida. Quando está cansado, você dorme. Sede, fome e cansaço são sinais do seu cérebro dizendo que você precisa de reabastecimento. Sentir-se solitário é sinal de que você perdeu a conexão. A solidão não é uma séria ameaça à vida ou tão ruim quanto nossa mente exagera. Como acontece com a sede e a fome, não morremos disso no instante em que percebemos que nos sentimos solitários.

> A solidão é apenas um lembrete de que estamos desconectados.
> Não há nada de negativo na solidão.

Se você estiver desconectado de algo, simplesmente encontre um modo de se reconectar. Quando um aparelho elétrico não está funcionando, não o caracterizamos como danificado e corremos para comprar um novo, não é? Verificamos se está ligado a uma fonte elétrica. Se não estiver, inserimos o plugue na tomada para ver se o aparelho voltará a funcionar. Com a solidão é a mesma coisa. Não há necessidade de fugir da solidão no instante em que nos sentimos solitários. Podemos antes verificar nossa conexão e ver se temos pensamentos ou histórias mentais que estão nos fazendo perder nossa conexão com o amor.

Em vez de ter essa relação negativa com a solidão, saiba que a solidão está aí para nos fornecer informações valiosas. Ela identifica as crenças, percepções e histórias que estão nos impedindo de ter uma conexão profunda com a Fonte (Espírito) e outras pessoas. Ter consciência desses padrões e gatilhos pode nos ajudar a mudar comportamentos habituais que já não nos servem mais.

> Superar a solidão não se trata de se livrar dela para sempre.
> Trata-se de aceitar o propósito da solidão.

Ainda nos sentiremos solitários vez ou outra, mas isso é uma coisa boa. Isso nos mostra que nosso sistema interno de orientação está funcionando de maneira correta. Imagine que seu corpo está desidratado, mas não há sinal algum para dizer que você está com sede e você acaba morrendo antes que possa encontrar água. A solidão é um indicador de que o amor não está fluindo em nosso corpo e estamos desconectados de nossa verdadeira essência. Sem esse sistema de orientação interno, você não saberá que está desconectado e não fará nada para se reconectar.

A solidão não nos mata, a menos que nos permitamos permanecer em um estado solitário por muito tempo. Resistir à solidão é ignorar os sinais que nosso sistema interno de orientação nos oferece. É como se estivéssemos com sede, mas não bebemos água, ou como ficássemos cansados, mas não nos permitimos descansar. Se pudermos reconhecer a mensagem que a solidão traz e aceitar seu propósito, ela pode ser muito útil para o nosso crescimento.

Como sentir suas emoções dolorosas

Reconhecer o propósito da solidão é o primeiro passo para aceitá-la. Mas o que você faz quando a solidão ou outras emoções dolorosas se manifestam e você quer evitá-las? Aqui estão os passos que você pode seguir.

1. Pare já o que estiver fazendo

No momento em que você perceber que se sente solitário ou não se sente bem, pare de imediato tudo o que estiver fazendo. O próximo passo varia dependendo do que você está fazendo quando tem essa consciência.

Se você perceber que está fazendo algo para evitar se sentir solitário, ou uma atividade está fazendo você se sentir solitário, levante-se e vá para um lugar tranquilo onde possa ficar sozinho e livre dessa simulação. Então, por exemplo, se você deseja enviar uma mensagem de texto para alguém ou verificar o que outras pessoas estão fazendo nas mídias sociais, desligue o telefone e desloque-se fisicamente para outro lugar. Uma mudança de ambiente pode ajudar a frear um desejo de tomar uma ação específica.

Se estiver perdido em pensamentos e fantasiando sobre um relacionamento ou ruminando sobre o quanto se sente solitário, mude já a atenção de sua mente para seu corpo ou qualquer outra coisa no ambiente externo. Se estiver deitado, sente-se ereto e escolha uma parte do corpo, como os pés, e concentre toda a sua atenção nela. Outra opção é concentrar-se em algo externo, como as árvores do lado de fora da janela, ou você pode olhar em volta do seu quarto e observar o que está ao redor. Ao mudar sua atenção para algo tangível, você está mudando sua atenção das interpretações em sua mente para a percepção sensorial pura. Isso pode reduzir seus pensamentos e ajudá-lo a sair de *loops* mentais repetitivos.

2. Direcione a atenção para o seu corpo

Depois de se afastar de suas atividades e pensamentos, observe em que pé estão as sensações em todo o seu corpo no momento.

→ Seu peito parece confrangido?

→ Suas mãos e seus pés parecem frios?

→ Você sente vontade de chorar?

→ Seu corpo parece tenso?

→ Algum membro seu está tremendo?

→ Há falta de ar?

CAPÍTULO 3

Você pode fechar os olhos, se isso ajudá-lo a sentir seu corpo. Também, observe se há um desejo de se afastar de um sentimento desagradável. Por exemplo, você pode tentar mudar de novo sua atenção do corpo para a mente. Pode começar a fantasiar ou voltar à atividade que estava fazendo antes. Ou, então, pode sentir dormência ou uma sensação de formigamento em todo o corpo. Desligar-se de seu corpo pode ter se tornado sua maneira habitual de evitar a dor.

Quando você notar a vontade de fugir, volte mais uma vez a atenção para o seu corpo. Não julgue a si mesmo por querer evitar a dor; todo mundo faz isso. Nossa mente é programada para evitar a dor e buscar o prazer. O trabalho da mente é nos proteger. Entenda que não há nada de errado em nos distrairmos de nossos sentimentos desagradáveis, mas essa é apenas uma estratégia.

Há um caminho melhor.
Em vez de fugir da dor, corra em direção a ela.

Quando evitamos nossas emoções, tendemos a enrijecer o corpo. Faça o contrário. Relaxe seu corpo e libere qualquer resistência que você tenha. Entregue-se e permita que suas emoções fluam naturalmente. Lembre-se de que a solidão é apenas um indicador de que nos desconectamos do amor interior. A emoção desaparecerá assim que permitirmos que a energia se mova através de nosso corpo relaxado. Então, em vez de resistir a sentimentos desagradáveis, preste atenção ao desconforto. Não há necessidade de ser protegido nessa circunstância. Liberte-se de suas emoções expressando-as e deixando-as ir, em vez de permitir que permaneçam presas em seu corpo.

Isso pode parecer um pouco contraintuitivo, mas antes que você possa deixar de lado suas emoções, primeiro deve deixá-las subir à superfície e reconhecer sua existência. Como você pode liberar algo quando nem ao menos reconhece que o está retendo?

3. Permita que suas emoções venham à tona e liberte-se delas

Quando você foca a atenção em seu corpo durante um tempo, outras emoções além da solidão, como vergonha, medo e raiva, podem começar a se manifestar. Permita que essas emoções venham à tona, sinta a energia se mover pelo seu corpo e deixe-as sair naturalmente. Se isso significa que você tem que chorar, permita-se chorar. Se o seu corpo começar a balançar e a tremer, deixe-o fazê-lo. O corpo intuitivamente sabe como lidar com a emoção. Então, siga apenas a sabedoria do seu corpo e não resista a ela. Seu corpo irá guiá-lo na tomada de ações apropriadas para ajudar na liberação da emoção. Por exemplo, quando sinto um profundo desejo por amor e parece que há um buraco na área do meu peito, coloco intuitivamente meu punho sobre o peito e me sinto muito melhor.

Esse processo pode parecer assustador no início. Parece que você está perdendo o controle do seu corpo. Mas saiba que experimentar emoções não é uma ameaça à vida. Uma

CAPÍTULO 3

hora isso acabará. Seu corpo saberá quando parar. Confiar no seu corpo é uma forma de entrega.

> Tenha cuidado para não deixar sua mente entrar no modo de contar histórias, porque isso criará sofrimento desnecessário.

Há uma diferença entre as emoções despertadas no corpo por eventos desencadeantes e as emoções geradas repetidas vezes pela mente ruminando eventos. Precisamos entender a diferença. As emoções despertadas no corpo podem ser liberadas muito rápido quando permitimos que elas circulem através de nós quando ocorrem pela primeira vez. Sentimentos gerados quando a mente continua repetindo eventos que desencadearam nossa solidão podem ser intermináveis.

Assim, por exemplo, se você foi a um evento social e se sentiu sozinho, deixar de lado essa emoção no momento em que ela surgir liberará a emoção do seu corpo. Mas se você começar a analisar o que aconteceu, suas crenças subjacentes sobre ser indigno e não se encaixar em lugar nenhum podem ser desencadeadas. Sua mente começará a trazer à tona eventos do passado quando você se sentiu solitário, e ela começará a contar uma história. Como resultado, mais sentimentos de solidão serão gerados. Isso pode prosseguir por um longo tempo, até que você recupere a consciência e saia das histórias repetitivas criadas por sua mente.

Quando surge um problema, nossa mente é programada para encontrar soluções e corrigi-lo, mesmo que isso signifique ruminar o problema e encontrar alguém para culpar. Se não encararmos nossas emoções como problemas, mas apenas como informações que podem ajudar nosso crescimento, então, deixar de lado a emoção será muito mais fácil.

4. Reconheça seu esforço

Se essa é a primeira vez que está realizando essa prática, você pode achá-la difícil. Pode ser tentado a desistir no meio do caminho. Independentemente de você liberar ou não suas emoções por completo, reconheça seu esforço. A maioria de nós não é treinada para lidar com as emoções, então, leva tempo para nos aprimorarmos nisso.

Exercer essa prática nos ajuda a desenvolver a qualidade da equanimidade, que é a capacidade de acolher todos os nossos sentimentos, mantendo a calma e o equilíbrio, mesmo que a situação seja difícil. Queremos cultivar o espaço dentro de nós mesmos para permitir que todas as nossas emoções fluam. Isso nos ajudará a enfrentar todo tipo de situações da vida com maior facilidade e paz. Então, da próxima vez que você se sentir solitário ou vir-se aflito por outra emoção perturbadora, eu o convido a sintonizar a emoção, aceitá-la e praticar a equanimidade. Não fuja ao primeiro sinal de desconforto.

Mesmo se você se desligar e entrar no modo de contar histórias, saiba que acabou de coletar mais dados sobre seu condicionamento passado e poderá trabalhar com eles no futuro. Nem sempre estamos cientes de nossa solidão, por isso, seja grato por ter essa informação.

CAPÍTULO 3

Na parte seguinte do livro, exploraremos a desconexão que sentimos como resultado da narrativa incessante do ego. Compreender a estrutura do ego pode nos ajudar a entender por que continuamos nos sentindo solitários.

PARTE 2

Compreendendo a Desconexão

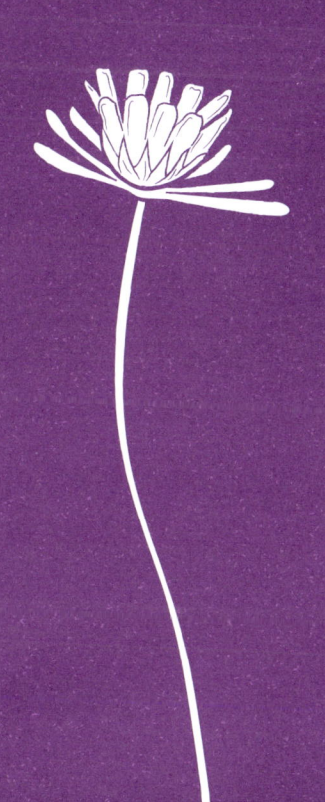

CAPÍTULO 4

O Desejo de Permanecer Separado

> "O ego procura dividir e separar.
> O espírito procura unificar e curar."
>
> – Pema Chödrön

Numa noite de julho de 2018, eu tive um sonho. No sonho, peguei um elevador até o sexagésimo andar e estava escuro como breu. Explorei o local com cautela e, quando virei uma esquina, fui ofuscado por uma luz branca. Quando acordei, havia uma imagem em minha mente do meu amigo, Pat, e ele estava chorando. Senti profunda compaixão por ele. Então, ouvi uma voz me dizer para entrar em contato com Pat. Sentindo-me intrigado, perguntei: *Por que tenho que entrar em contato com Pat? O que vou dizer a ele?* A voz respondeu: *Seja* útil *para ele. Aproxime-se. Mostre-lhe o que é presença.* Perguntei à voz como, mas não houve resposta.

No dia seguinte, entrei em contato com Pat e perguntei como ele estava. Ele disse que tinha acabado de voltar de férias e se sentia bem. Sentindo-me aliviado por nada de ruim ter acontecido com Pat, pensei comigo mesmo: *Talvez a voz esteja errada. Mas... talvez eu pudesse dar a ele uma cópia do meu livro.* Então, perguntei a Pat se ele gostaria de ter uma cópia do meu livro e ele disse: "Sim".

Algum tempo antes, eu pretendia dar a ele uma cópia do meu livro de memórias, *The Emotional Gift*. Ele havia passado por experiências semelhantes, por isso, pensei que ele acharia este livro útil. Mas, de alguma maneira, procrastinei. Uma parte inconsciente de mim (a parte que chamo de *A Criança Interior*) não queria fazer isso. A última vez que dei um livro a um amigo, não houve resposta. Minha criança interior estava com tanto medo de ser rejeitada de novo que senti meu coração fechado e indiferente, em vez de atencioso e compassivo.

Quando os livros chegaram da gráfica, quis dar um exemplar a Pat. Mas, por meses, ele estava muito ocupado ou viajando. Sugeri que nos encontrássemos em algum lugar conveniente para ele. Levaria apenas cinco minutos, mas ele não parecia estar com tempo. Durante esse período, minha criança interior estava ficando impaciente e ressentida. Nunca fiquei tão bravo. Quando permiti que minha criança interior se expressasse através do meu corpo, eu estava literalmente batendo o pé no chão como um garotinho fazendo birra por não conseguir o que queria. Foi interessante, embora chocante, observar as fortes emoções que estavam enterradas fundo dentro de mim.

Eu podia compreender a insegurança que minha criança interior estava sentindo. Quando conheci Pat, ele

CAPÍTULO 4

respondia às minhas mensagens e aos meus *e-mails* em um ou dois dias. Mas agora ele some por dias antes de enviar uma resposta. Cada vez que ele desaparece, minha criança interior se sente insegura e me pergunto se eu disse ou fiz algo errado. Certa vez, quis escrever uma carta para Pat para ajudá-lo a entender melhor suas emoções. No entanto, uma vez que tomei a decisão, notei que meu corpo começou a tremer sem motivo, em especial minha mão esquerda. Perguntei à minha criança interior qual era o problema e ela me disse, *Eu imploro. Não faça isso comigo. Eu não seria capaz de suportar, se isso não correr bem.* Quando, por fim, entreguei-lhe a carta, eu só queria desaparecer e me enterrar. Senti como se tivesse feito algo errado.

Felizmente, eu estava ciente da minha criança interior e tinha espaço para as emoções emergirem, então, não fui consumido por elas. Tudo voltou a ficar bem depois que acalmei minha criança interior. De algum modo, eu também sabia lá no fundo que Pat uma hora me responderia, então, eu esperei.

No entanto, uma noite, minha criança interior perdeu a cabeça. Por meses, Pat não entrou em contato comigo para pegar o livro como havia prometido. Em vez disso, quando teve tempo livre, ele foi a encontros sociais. Acordei no meio da noite e minha criança interior começou a chorar, *Ele não tinha cinco minutos para me encontrar e pegar o livro, mas tinha tempo para socializar com os outros. Eles são todos iguais! Não querem ser meus amigos! Ninguém quer ser meu amigo!* Naquele instante, percebi que havia muito mais acontecendo sob a superfície.

> Embora queiramos estar próximo dos outros, mantemos certa distância para não nos machucarmos.

Depois de permitir que minha criança interior chorasse, consegui me acalmar e processar o que acabara de acontecer. Percebi que minha criança interior estava tentando afirmar as crenças negativas, *Sou falho. As outras pessoas não gostam de mim*, e reencenando as mesmas velhas histórias de abandono que vivenciei no ensino médio. Embora eu estivesse com raiva de Pat por quebrar suas promessas, reconheci que minha raiva era um acúmulo de todas as experiências ruins e dores emocionais não resolvidas que minha criança interior vinha guardando há anos. Sempre que sentia raiva de Pat, lembrava-me de todas as pessoas que haviam me magoado antes. Pat não é a primeira pessoa que quebrou uma promessa feita a mim e estava sempre indisponível. No entanto, continuei atraindo as mesmas pessoas para minha vida e experimentando os mesmos sentimentos de abandono, traição e rejeição. Contudo, foi só depois da minha amizade com Pat que percebi esse padrão.

Tive muitas oportunidades de me curar e perdoar, mas tudo o que pude ver foi o quanto os outros me machucaram. Em vez de curar minha dor, sem saber, eu acumulei mais histórias que a aumentaram. Após esse incidente, percebi que, mesmo que eu continue ressentido com Pat e evite falar com ele, o Universo trará o mesmo tipo de pessoa para mim até que eu finalmente entenda a mensagem. Com essa nova revelação, superei meu medo e apenas dei o livro a Pat em um evento social. Nada de ruim, de fato, aconteceu, como aquilo que havia imaginado minha criança interior, e Pat ficou feliz em receber meu presente.

Agora, em retrospectiva, percebo que meu sonho não tinha nada a ver com Pat. Foi mais como um empurrão do Universo para me lembrar de ser mais compassivo e manter meu coração aberto para os outros. A parte mais profunda da minha alma tem o desejo de amar e se conectar com outras pessoas, mas não posso fazer isso enquanto ainda estou guardando ressentimento e alimentando o desejo do meu ego de permanecer separado.

Como o ego atua

O ego tem na separação um terreno fértil e precisa dela para sobreviver. O ego é desenvolvido à medida que aprendemos o que é "eu" e o que é "não eu". Sem essa separação de "eu" e "eles", o ego não pode existir. Ele tem que tornar tudo pessoal para que nossa identidade possa ser mantida separada de todos os outros, seja ela positiva ou negativa.

O desejo do ego de permanecer separado dos outros pode ser muito sutil, mas está lá o tempo todo. Quando nos comparamos com outras pessoas, quando julgamos a nós mesmos ou aos outros como superiores ou inferiores, e quando temos conflitos com os outros, o ego está tentando criar separação e nos impedir de ser uma só coisa com os demais indivíduos.

Ironicamente, o ego também precisa de amor, aprovação e atenção de outras pessoas para manter uma identidade de desejabilidade, superioridade e dignidade. Ser aprovado pelos outros nos dá um senso de autoimportância. Dizemos a nós mesmos: *Eu sou digno de amor. Eu sou importante para outra pessoa. Eles me querem.* Essas crenças mantêm o ego vivo. Ele não pode permitir que fiquemos muito desconectados dos outros.

> Por mais que queiramos nos conectar com os outros, também queremos nos desconectar deles.

Então, por um lado, podemos dizer a nós mesmos que queremos ser próximos e íntimos dos outros, mas, por outro lado, também queremos nos afastar. Quando estamos em um relacionamento próximo com outra pessoa, o ego pode nos fazer trazer à tona diferenças insignificantes de modo que tenhamos um motivo para discutir com as pessoas que amamos. Ele vai apontar nossas diferenças em termos de valores, interesses, crenças e personalidades. O pior é quando nos apegamos à posição de estarmos certos e vemos os outros como errados. Isso cria conflitos que às vezes arruínam nossos relacionamentos.

O ego flutua constantemente entre esses dois desejos conflitantes. Quando estamos muito próximos dos outros, temos medo de sermos consumidos por eles e queremos nos separar. Mas quando percebemos que estamos muito distantes dos outros, queremos nos reconectar com eles e estabelecer nosso significado. Mudamos de um extremo para o extremo oposto. É assim que o ego atua para capturar nossa atenção e manter o controle de nossa consciência.

CAPÍTULO 4

Além disso, o desejo incessante do ego de se conectar com os outros restabelece nossas crenças arraigadas de que estamos separados deles. Se não estamos separados dos outros para início de conversa, por que estamos tão desesperados para nos reconectar com eles? Haverá um forte desejo de agarrar e segurar outra pessoa somente quando nossa mente acreditar que há separação e estamos incompletos sem os outros.

De um ponto de vista espiritual, não existe tal desconexão. Somos uma só coisa em união com todos e com tudo. Podemos aparentar e nos comportar de maneira diferente no nível humano, mas lá no fundo, espiritualmente, estamos todos conectados à fonte universal do amor. Somente quando estamos imersos em nossa mente em demasia, nossa verdadeira natureza fica obscurecida e não podemos sentir a conexão. Tudo o que podemos ver é como estamos separados. Durante anos, eu só conseguia enxergar como meus amigos me machucavam. Eu ficava repetindo a mesma velha história como um filme sem fim. Foi somente quando tomei consciência das histórias em minha mente – e não mais me identifiquei com elas – é que pude ver como meu ego tem usado essas histórias falsas para construir uma identidade separada das outras pessoas.

A estrutura da história do ego

Enquanto formos humanos, teremos um ego, e ele apontará as diferenças entre nós e as outras pessoas. O ego não é, via de regra, ruim. Ele nos proporciona um senso de identidade. Quando é saudável, cria uma separação que nós, humanos, precisamos para sobreviver e nos mantém seguros. Mas quando o ego não é saudável e o deixamos nos guiar no lugar de nossa alma, nos identificamos por completo com a história que o ego produz. Nós agimos tendo como ponto de partida o medo em vez do amor. Buscamos nos proteger, mesmo quando tal proteção não é necessária.

> O ego só compreende o amor de uma perspectiva de sobrevivência, não de uma perspectiva espiritual mais profunda.

Do ponto de vista do ego, precisamos do amor dos outros para sobreviver. Precisamos fazer coisas para garantir que as outras pessoas nos deem o amor de que precisamos. Mas, da perspectiva espiritual, somos amor e não precisamos fazer nada para nos sentirmos amados ou dignos de amor. Se nos rendermos à nossa verdadeira essência e não bloquearmos o fluxo do amor, o amor virá de forma natural. No entanto, não é fácil manter-se na perspectiva espiritual por muito tempo, porque o ego é um contador de histórias muito bom. Não importa quantas vezes nos reconectemos, somos facilmente atraídos pelas histórias e tornamos a nos desconectar da dimensão espiritual. Às vezes, pode ser mais transformador mudar a história em si do que continuar deixando de lado nossa emoção, para que as histórias não nos controlem mais.

Além disso, o ego tem uma estrutura sólida para manter as coisas como estão. Essa estrutura não é fácil de derrubar, porque o ego é implacável em manter essa estrutura intacta. Além disso, derrubar a estrutura de uma só vez pode trazer emoções fortes que podem nos sobrecarregar, ainda mais se não formos inexperientes em lidar com nossas emoções. Essa estrutura nos ajudou a sobreviver à infância e nos protegeu da dor emocional que, de outra maneira, poderia ser muito difícil de lidar. Estamos tão acostumados a ter essa estrutura e tão convencidos de sua validade que separá-la pode virar nosso mundo de cabeça para baixo. Com consciência de tal estrutura, podemos corroê-la aos poucos de uma forma suave de modo que não acione o ego para revidar.

A estrutura do ego pode ser dividida nos seguintes componentes principais:

EGO

Eventos

Servem como um fluxo constante de evidências para apoiar nossas crenças limitantes e nos dão material para novas histórias a serem escritas pelo ego.

Crenças

Ajudam-nos a formar conclusões rápidas sobre nós mesmos e os outros, de modo que opiniões e evidências opostas serão excluídas de nossa consciência na próxima vez que ocorrerem.

Hábitos

Ajudam a fortalecer nossas crenças, repetindo ações e comportamentos que sustentam nossas crenças.

Esses três componentes fortalecem e reforçam uns aos outros. Extraindo-se da equação qualquer um deles, a estrutura será significativamente mais fraca e as histórias que o ego conta serão menos atraentes. Nos próximos três capítulos, discutiremos cada componente mais à fundo. Mas, por enquanto, aqui está um exemplo simples da história que introduz este capítulo para ilustrar brevemente os três componentes.

Eventos

Um dos eventos anteriores que fez eu me sentir desconectado de outras pessoas foi quando me senti abandonado por meu amigo. James era meu colega de ensino médio, e costumávamos ser bons amigos. No entanto, ele começou a se afastar de mim quando outro amigo de James disse que éramos próximos demais e que parecíamos "um casal". Ironicamente, em vez de repreender o opositor, James tornou-se seu melhor amigo e nos distanciamos. Senti-me um pouco decepcionado e traído por James, em particular porque eu não tinha muitos amigos naquela época. Mas quando saí da escola e nunca mais voltei a vê-los, esqueci esse incidente. Só me lembrei de James quando conheci Pat porque eles eram parecidos.

O incidente com Pat me fez perceber que eu não havia perdoado James pelo que ele havia feito e que eu não havia processado totalmente meus sentimentos feridos. Na verdade, isso me fez ter medo de ser visto como muito próximo de outra pessoa. Em meu subconsciente, eu estava com medo de que se me aproximasse demais de Pat ou lhe desse o livro na frente de todos, atrairia a mesma atenção negativa e ciúmes de seus outros amigos, e isso arruinaria nossa amizade. Então, preferi dar meu livro a Pat a sós. No entanto, quando Pat não me contatou para pegar o livro, fui forçado a entregá-lo a ele em público, o que perturbou muito minha criança interior. É por isso que a decisão fez aflorar a raiva, o medo e a ansiedade da minha criança interior.

Crenças

Uma crença que eu nem sabia que tinha (até que minha criança interior gritou naquela noite) é a de que ninguém quer ser meu amigo, e uma hora ou outra serei abandonado. Ainda que depois do incidente com James eu tenha feito muitos amigos, não considerava nenhuma dessas amizades próximas e não entraria em contato com nenhuma delas se precisasse de ajuda. Eu sempre mudei meu grupo principal de amigos à medida que progredia em diferentes estágios da minha vida. Alguns desses amigos eu conheci nas escolas; outros no trabalho ou em grupos de interesse comum. Mas nenhuma dessas amizades durou. Uma vez que eu alcançava cada estágio da minha vida e seguia em frente, aos poucos parávamos de nos comunicar. Eu achava algo normal amigos irem e virem.

Agora percebo que nunca acreditei de verdade que alguém pudesse estar interessado em ser meu amigo, então, raramente tomava a iniciativa ou fazia um esforço para manter contato. Eu tinha medo de ser rejeitado e ficar desapontado se eles recusassem meus convites. Também mantive uma distância segura de amigos em potencial para que não houvesse possibilidade de me magoar. Quando você não confia que outras pessoas estejam interessadas em ser seu amigo, você achará difícil ser próximo e íntimo de alguém, porque no fundo se sente inseguro a respeito de si mesmo e de seus relacionamentos. Você não quer investir muito em nenhum relacionamento, porque espera que a outra pessoa o abandone em algum momento. Ao manter distância dos outros, você não se sentirá tão magoado quando eles o deixarem.

Hábitos

Manter essa crença subconsciente me fez desenvolver o hábito de fazer amizade com pessoas que muitas vezes estavam ocupadas e indisponíveis. Há muitos outros que estão menos ocupados e têm mais tempo para mim. Mas se as pessoas se aproximam de mim com muita frequência ou com muita avidez, não estou interessado em ser amigo delas. De alguma forma, sou mais atraído por pessoas que não têm tempo para mim ou que estão emocionalmente distantes. Por ser amigo desse tipo de pessoa, é mais provável que eu seja rejeitado e não consiga a conexão que desejo. Pessoas indisponíveis me ajudam a recriar os mesmos sentimentos de abandono e traição que senti uma vez na escola. Eles fornecem novas evidências para fortalecer minhas crenças negativas sobre mim mesmo.

Devido à minha crença de que uma hora ou outra serei abandonado, também desenvolvi o hábito de pensar demais nos relacionamentos. Quando meus amigos se afastam de mim ou não respondem minhas mensagens, começo a me preocupar se fiz ou disse algo errado, mesmo que o comportamento deles não tenha nada a ver comigo. Desenvolvi uma hipervigilância para me assegurar que não seja mais uma vez abandonado, mas esse hábito de buscar vestígios de abandono me provoca uma ansiedade e insegurança desnecessárias. Tenho também o hábito de recuar e me retrair se sentir que um de meus amigos está interessado em se conectar com outro amigo meu. Eu permito que eles se aproximem e não fico no caminho. Em parte, isso evoca a mesma dor emocional de ser substituído e não mais ser necessário quando meu amigo, James, escolheu outra pessoa em vez de mim. Mas, acima de tudo, fazer isso me faz sentir inveja deles e renova a sensação de que nunca terei amizades íntimas como outras pessoas.

CAPÍTULO 5

Os Eventos que nos Ferem

> "Sua tarefa não é buscar o amor, mas meramente buscar e encontrar todas as barreiras dentro de si que você construiu contra ele."
>
> – Rumi

Eu nunca me dei conta de como me sentia abandonado quando criança. Abandono nem é uma palavra que eu usaria para descrever minha infância, porque meus pais sempre estiveram presentes. Eles nunca deixaram meus irmãos e eu por um longo período para trabalharem ou por qualquer outro motivo. Foi só depois do incidente com Pat que comecei a reconhecer o profundo sentimento de abandono que minha criança interior carregava. Nos meses seguintes, descobri mais eventos que sugeriam que eu poderia ter me sentido emocionalmente abandonado ou negligenciado quando criança.

Uma das minhas maiores descobertas ocorreu em abril de 2019, quando participei de uma *masterclass on-line* criada pela Mindvalley e Marisa Peer. Durante a aula, Marisa realizou uma sessão de hipnoterapia com todos os participantes. Retornamos ao nosso passado e extraímos três eventos que provocaram o sentimento de rejeição em nós. O primeiro episódio que me veio à mente foi quando eu tinha cerca de 10 anos. Minha mãe estava ocupada com os afazeres domésticos e não tinha tempo para me ajudar a revisar meu teste de soletração. Sua recusa em ajudar fez eu me sentir sem importância. O segundo episódio deu-se também quando eu era criança. Eu ansiava pela atenção de meus pais, mas eles pareciam mais interessados em brincar com meu irmão mais velho do que em cuidar de mim. Isso me fez sentir que não sou digno de sua atenção. O último episódio ocorreu quando eu era um feto dentro do útero da minha mãe. Senti-me rejeitado porque ela queria uma menina em vez de um menino. Não tenho certeza se minha mente inventou os dois últimos eventos porque não tenho memória consciente de nada antes dos 5 anos, mas eles *parecem* verdadeiros. Também vivenciei eventos semelhantes quando era muito mais velho.

Uma semana depois da aula, caía uma chuva forte lá fora, e eu acordei no meio da noite com a imagem do meu eu de 2 anos em minha mente. Lembrei-me de querer ser abraçado e carregado por meus pais, mas eles me negligenciaram. Esperei muito tempo, mas ninguém veio me buscar. Eu me senti muito triste e abandonado e, no fim, desisti. Após essa percepção, finalmente entendi por que me senti tão desconfortável quando vi minha amiga deixar seu bebê chorando e tendo que lidar com suas emoções por conta própria. Eu também fui aquela criancinha que não foi pega e acalmada.

> ❝ Você pode não se lembrar de tudo do seu passado, mas os eventos recentes podem lhe fornecer uma pista sobre como você se sentiu quando criança.

Quatro meses depois, fui à festa de 60 anos da minha tia com minha família. Quando o jantar terminou, os amigos da igreja da minha tia abraçaram minha mãe, e ela parecia muito feliz e ávida por lhes retribuir o abraço. Deixei escapar para meu irmão mais velho: "Mamãe nunca me abraça assim". Depois que voltamos para casa, meu irmão disse à minha mãe que eu queria que ela me abraçasse também. Então, levantei-me com os braços bem abertos, mas minha mãe permaneceu imóvel. Ela pareceu desconfortável, como se não quisesse me abraçar. Fiquei ali, sentindo a mesma decepção e abandono que senti quando criança. Foi só quando meu irmão pediu para minha mãe retribuir o gesto que ela se levantou e me deu um abraço de lado pouco entusiasmado e um tapinha de consolo nas costas.

Agora, eu entendo por que é tão difícil para mim me aproximar dos outros e demonstrar-lhes afeto. Quando você se sente rejeitado por seus pais quando criança, será difícil para você ser afetuoso quando se tornar adulto. Você passa a acreditar que não é digno de ser amado e que as pessoas rejeitarão seu amor. Então, você aprende a ser indiferente e passivo, esperando que alguém inicie o contato, o que só faz os outros pensarem que você é inacessível ou desinteressado.

O propósito de revisitar eventos passados

Conforme mencionado em meu livro anterior, *Parent Yourself Again*, quando refletimos sobre nosso passado, não estamos tentando culpar nossos pais pelo que eles fizeram (ou deixaram de fazer) ou fazê-los mudar. Eles também tiveram experiências desagradáveis na infância e fizeram o melhor que puderam com seu nível de consciência. Podemos não ter recebido o amor e o carinho incondicionais que merecíamos quando crianças, mas essa não deve ser nossa desculpa para continuar sendo vítimas. Temos que ser responsáveis por nosso crescimento, ações e comportamentos.

Quando revisitamos nossa infância, queremos ver se existem emoções negligenciadas que não processamos por completo. Certas emoções, como tristeza e desamparo, são muito avassaladoras para lidar quando somos crianças, e podemos tê-las suprimido ou desenvolvido crenças e hábitos para contorná-las. No meu caso, não processei meu medo de abandono e rejeição. Continuei a deixá-lo se manifestar repetidas vezes em meus relacionamentos adultos. Além disso, quando éramos crianças, não sabíamos nos expressar corretamente para descrever aos nossos pais como nos sentíamos. Se não tivéssemos pais sensíveis ou empáticos – que estivessem dispostos a nos ajudar a superar essas emoções –,

CAPÍTULO 5

é muito provável que essas emoções não processadas ainda estejam presas dentro de nós.

Descobrir eventos passados é uma boa maneira de saber se deixamos de lado nossas emoções relacionadas a esses eventos. Se ainda choramos ou é desencadeada em nós alguma emoção quando falamos sobre o passado, isso, em geral, significa que ainda temos muitas emoções enterradas dentro de nós. Se estivermos em paz com os acontecimentos de nossa vida, poderemos compartilhar o que vivenciamos sem muita dificuldade ou reatividade.

O propósito de examinar eentos passados é também ver como podemos vir a perceber esses eventos de maneira diferente. Como diz Marisa Peer em sua *masterclass*:

> Os eventos não afetam você.
> É o significado que você lhes atribui que o faz.

Os eventos que vivenciamos são factuais, mas nossa interpretação deles é subjetiva e pode ser alterada. Revisitar eventos passados nos dá a chance de reinterpretar esses eventos através de uma lente diferente, em especial os significados que criamos na infância. Quando crianças, dependemos de nossos pais para receber amor, por isso é assustador quando eles não nos dão atenção e amor. Mas agora, já adultos, mesmo quando outras pessoas nos rejeitam ou negam sua atenção, não vamos morrer por causa disso. Ser ignorado não ameaça nossa sobrevivência. Desenvolvemos melhores habilidades de enfrentamento. Não somos mais crianças indefesas. Se compreendemos que nossas percepções passadas eram as de uma criança indefesa, e podemos mudar nossas percepções, é possível modificar o modo como respondemos a eventos semelhantes quando somos adultos. Por fim, estar ciente de eventos passados também pode nos ajudar a estar mais atentos. É mais fácil pegar o ego contando as mesmas velhas histórias de culpa do passado quando sabemos quais são. Então, podemos optar por deixar de lado as velhas histórias e não deixá-las influenciar nossa percepção dos eventos atuais.

Como descobrir eventos passados

Alguns dos eventos que nos magoaram não são tão óbvios, porque os vivenciamos quando éramos muito jovens e podemos ter reprimido as más lembranças. Para acessar lembranças que estão profundamente enterradas em nosso subconsciente, técnicas como a hipnose podem ajudar.

> Não há necessidade de desenterrar todos os eventos que o magoaram. Eles surgirão por conta própria quando a hora de serem curados chegar.

Mesmo que o evento mais antigo de que você se lembre possa ser a origem de sua desconexão, e liberá-lo possa libertá-lo de muitas crenças limitantes e sofrimentos, a história que o ego conta é construída e fortalecida por vários eventos, não por apenas um. Então, deixar de lado as pequenas histórias e mudar nossos pontos de vista a respeito delas também pode ajudar a destruir a estrutura que o ego instalou.

É melhor trabalhar primeiro em eventos que você lembra e permitir que os outros apareçam a seu próprio tempo. É menos opressivo dessa maneira.

Se você não se recorda de nenhum evento perturbador do passado, preste atenção aos eventos atuais que fazem você se sentir solitário. Os eventos mais recentes são, em geral, reencenações de eventos anteriores. Como mencionado antes, sua reação atual lhe dará pistas de como você pode ter se sentido no passado, ainda mais se as pessoas com quem você está interagindo agora também estiveram presentes em sua infância.

Além disso, os eventos atuais muitas vezes são o que aciona o ego para recontar a história. O ego evoca eventos do passado para interpretar eventos atuais, o que contribui para toda a narrativa que o ego está construindo. Você pode não estar pensando de forma consciente em eventos passados, mas quando seu ego o traz de volta ao passado, é uma oportunidade para você descobrir as mágoas às quais ainda está se agarrando. Por exemplo, o incidente que tive com Pat é entre Pat e mim. Mas quando minha mente começou a regurgitar o conteúdo mental do passado para justificar minha experiência com Pat, percebi que não tinha me livrado por completo desses eventos passados. Outros exemplos podem ser quando você ouve uma música ou vê um objeto de recordação que o lembra do passado. Eles também podem revelar eventos passados que ainda estão prejudicando você no presente.

Quando você se sentir sozinho, pergunte a si mesmo: *O que foi que acabou de desencadear meu sentimento de solidão? Há alguma coisa em particular que as pessoas dizem ou praticam que fazem eu me sentir solitário? Estar em um cenário ou ambiente específico está causando meus sentimentos de desconexão?* Preste atenção à história que você conta a si mesmo sobre os eventos. Mais uma vez, sua interpretação é mais importante do que os eventos em si.

Você também vai querer procurar padrões. Você já esteve em situações semelhantes antes? Aconteceram eventos semelhantes no passado que fizeram você se sentir sozinho? Sua solidão, em geral, é desencadeada quando você está sozinho ou ocorre quando está com outras pessoas? Você costuma se sentir solitário quando as pessoas não o entendem ou quando não prestam atenção em você? Você também pode se perguntar: *Quais eram minhas necessidades não atendidas na infância? Eu gostaria que meus pais me abraçassem mais, fossem mais afetuosos, se interessassem mais por mim e passassem mais tempo comigo? O evento atual que está causando minha solidão é um reflexo das minhas necessidades não atendidas na infância?* Fazer essas perguntas ajudará você a começar e a descobrir os principais eventos do passado que ainda estão causando a sensação de solidão.

Três tipos de eventos que causam solidão

Há muitos eventos da infância que podem fazer você se sentir desconectado na idade adulta. Alguns são óbvios, mas outros não tão impactantes, então, podemos não perceber a ligação entre esses eventos e nossa sensação perpétua de desconexão.

CAPÍTULO 5

Para lhe dar algumas ideias sobre que eventos podem ser esses, eu os dividi em três categorias principais:

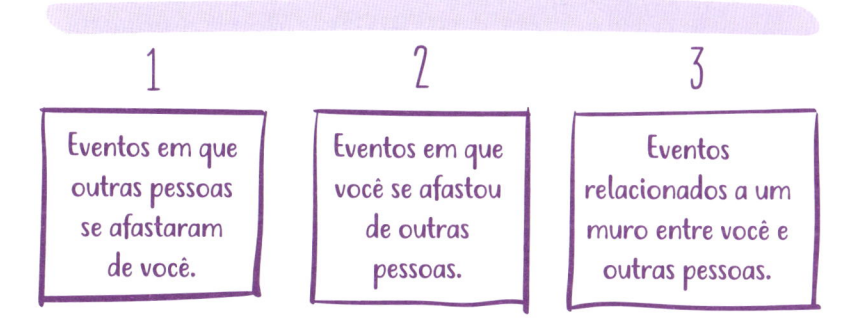

1	2	3
Eventos em que outras pessoas se afastaram de você.	Eventos em que você se afastou de outras pessoas.	Eventos relacionados a um muro entre você e outras pessoas.

Para cada categoria, começarei com eventos que vivenciamos na vida adulta e sua relação com os eventos que vivenciamos na infância.

1. Quando outras pessoas se afastam de você

Das três categorias, essa é provavelmente a mais fácil de identificar. Quando percebemos que outras pessoas estão se afastando de nós, nossa interpretação típica é que elas não nos amam; elas não querem estar perto de nós; há algo que fazemos ou dizemos que está fazendo com que elas nos deixem; ou elas têm algum outro motivo. Esses eventos fazem com que nos sintamos abandonados, excluídos e indesejados.

Exemplos de eventos nessa categoria vivenciados na idade adulta incluem: quando seu parceiro termina com você; perder seu parceiro por morte; quando seus amigos se distanciam; quando seu melhor amigo migra para outro país; quando alguém rejeita ou ignora suas mensagens; ou por alguma outra razão. A solidão pode não ser a primeira emoção que sentimos quando tais eventos ocorrem. Em vez disso, esses eventos podem desencadear insegurança e ansiedade de separação, no início, e começamos a nos apegar à outra pessoa ou às lembranças do relacionamento perdido.

Durante a adolescência, também é comum sermos excluídos e rejeitados pelos nossos pares. Alguns de nós temos problemas relacionados aos nossos colegas na escola. Devido à nossa timidez ou personalidade, podemos achar difícil juntar ou formar "panelinhas". Se formos muito diferentes de nossos pares, podemos nos ver excluídos. Essa é a idade em que tentamos encontrar nosso lugar socialmente, por isso, sentir-se aceito e incluído pelos colegas é importante.

No entanto, também é uma idade em que é mais provável que sejamos egocêntricos. Nossos colegas podem dizer ou fazer coisas sem muita consideração por como as outras pessoas se sentem, e somos facilmente magoados por suas ações e palavras. Na maioria das vezes, não sabemos por que nossos pares nos excluem e acabamos formando várias crenças negativas sobre nós mesmos para justificar tal exclusão. Mesmo que tenhamos nos tornado melhores em nos conectar com outras pessoas, como adultos, essas crenças ainda estão profundamente arraigadas em nossa mente.

A perda e o abandono da infância também podem ser a base sobre a qual o ego constrói sua história. Eventos como o divórcio de nossos pais, a perda deles ou mesmo a perda de nossos irmãos podem levar ao medo do abandono. Quando seus principais cuidadores estão com frequência

CAPÍTULO 5

ausentes de sua vida, ou não estão emocionalmente presentes mesmo quando estão presentes em carne e osso, você também pode se sentir abandonado; por exemplo, quando um ou ambos os pais estão cronicamente doentes; seus pais estão lutando com vícios; ou seus pais estão sempre fora porque estão trabalhando.

> **Se sua solidão é resultado de se sentir abandonado pelos outros, dê uma olhada em sua infância.**

Os adultos, na verdade, não podem ser abandonados por outras pessoas; somente as crianças podem. Ao contrário das crianças, a maioria dos adultos pode satisfazer suas próprias necessidades físicas e emocionais. Quando alguém termina um relacionamento conosco ou se distancia, não é abandono porque podemos sobreviver por conta própria. A outra pessoa não é responsável por nossas necessidades. Ela é livre para fazer o que quiser. Sim, podemos nos sentir tristes e desapontados com a perda do relacionamento. Mas se nos sentimos abandonados, ansiosos e ressentidos pela pessoa nos deixar ou não estar disponível – como se ela devesse atender às nossas necessidades –, isso geralmente aponta para algo maior que vivenciamos na infância.

Às vezes, não é fácil detectar nosso abandono na infância. No meu caso, não vivenciei o abandono físico, mas sim, o abandono emocional. Meus pais me deram abrigo e comida, e supriram todas as minhas necessidades físicas. Mas eles deixaram de me oferecer elogios, carinho, atenção e reconhecimento suficientes.

À medida que as crianças crescem, os pais têm que deixar seus filhos aprenderem a ser independentes e amadurecerem sozinhos. Mas essa separação precisa ser feita de maneira adequada e gradual. Se ocorrer antes que a criança esteja pronta para a separação e seja capaz de lidar com suas emoções, ela pode ficar magoada e levar a mágoa para a idade adulta.

2. Quando você se afasta dos outros

A solidão também pode acontecer quando nos afastamos dos outros. Podemos nos isolar como um meio de nos proteger de sermos magoados ou julgados. Essa desconexão é, em geral, fruto do medo.

Adultos que têm medo de intimidade podem ansiar por proximidade, mas acabam sabotando seus relacionamentos e afastando outras pessoas quando as coisas ficam próximas demais e ameaçam o conforto. Nós nos retraímos porque quanto mais as outras pessoas se aproximam de nós, mais nos preocupamos que elas descubram os defeitos que acreditamos ter e queremos esconder. Quando as pessoas sabem muito sobre nós, corremos o risco de sermos abandonados ou rejeitados. Alguns de nós chegam ao extremo e desistem por completo de namoro e relacionamentos amorosos para não se machucarem. Dizemos a nós mesmos que não precisamos de mais ninguém. Mas, no fundo, sofremos de uma incapacidade de confiar em alguém e temos ser vulneráveis.

CAPÍTULO 5

Eventos que nos fazem sentir desapontados com os outros, ou com nós mesmos, também podem nos fazer recuar e aumentar nosso sentimento de solidão. Por exemplo, quando nossos amigos não atendem às nossas expectativas ou fazem algo que trai nossa confiança, podemos não querer mais interagir com eles. Às vezes, nos isolamos porque achamos que fizemos algo errado, e sentimos que nossos amigos não vão mais nos ver da mesma forma positiva. Há também alguns eventos que nos fazem sentir que não somos bons o bastante. Por exemplo, perdemos nosso emprego ou estamos com uma doença crônica, e acreditamos que os outros nos olharão com desprezo e por isso nos afastamos deles.

> As principais fontes de nossos constantes sentimentos de separação são os eventos da infância que minam nossa confiança nos outros.

Às vezes, nossa desconfiança das pessoas pode ser atribuída a experiências infantis de abandono, abuso ou negligência. Especialmente se sofremos abusos quando crianças, nossa capacidade de confiar nos outros será reduzida de maneira significativa. Quando crianças, se não podemos confiar em nossos pais ou cuidadores para cuidar de nós e nos proteger, então, em quem mais podemos confiar? Não apenas sentimos muita raiva do agressor, mas também aprendemos cedo na vida a nos proteger das pessoas e manter uma distância segura dos outros, mesmo daqueles que queremos que estejam perto de nós.

Nossa insegurança e desconfiança nos impedem de receber amor dos outros e formar relacionamentos íntimos, fazendo com que interpretemos mal pessoas que são seguras. Em vez disso, gravitamos em torno de pessoas abusivas porque elas confirmam nossa crença de que os outros nos magoarão. Quando entramos em relacionamentos abusivos, isso só torna ainda mais difícil confiar nos outros.

3. Quando há um muro entre você e os outros

Podemos nos sentir solitários mesmo quando ninguém está se afastando de nós. Podemos estar cercados por muitas pessoas que amamos e ainda assim não sentirmos nenhuma conexão com elas. Parece que há um muro entre as outras pessoas e nós. Não sentimos uma familiaridade com elas. As coisas em que estão interessadas não são o que nos interessa, e muitas vezes nós não apenas nos sentimos sós, como incompreendidos e rejeitados.

Um muro entre duas pessoas geralmente ocorre quando uma ou ambas as partes não conseguem se entender completamente. Pode ser uma diferença nos que diz respeito à nossa personalidade, preferências, valores, opiniões, experiências, antecedentes ou alguma outra diferença. Às vezes, não importa o quanto tentemos nos relacionar e nos comunicar com outra pessoa, ela simplesmente não nos entende. Algumas pessoas estão tão fixadas em suas posições mentais que não são capazes de ver outras perspectivas ou aceitar que outras pessoas são diferentes. Pode ser frustrante compartilhar nossos pensamentos e sentimentos mais profundos com alguém e ser constantemente ignorado.

Então, paramos de compartilhar e apenas nos comunicamos em um nível superficial.

As pessoas que crescem com distúrbios como autismo e síndrome de Asperger naturalmente terão dificuldades em fazer com que os outros as compreendam. Mas as pessoas que crescem com pais indiferentes ou negligentes provavelmente também experimentarão desconexão com outras pessoas quando se tornarem adultas.

> Se você costuma se sentir solitário e incompreendido, é provável que não tenha recebido espelhamento suficiente quando criança.

"Espelhamento" significa que quando um bebê balbucia ou tenta se comunicar em tatibitate, os pais respondem fazendo o mesmo, copiando a linguagem corporal do bebê e imitando o tom do bebê. O espelhamento ajuda a construir conexões entre os pais e a criança. Mostra às crianças que seus pais entendem seu estado emocional e estão sintonizados com elas.

No entanto, se você tem pais que não são sensíveis o suficiente para perceber o que você está sentindo, ou estão emocionalmente bloqueados, eles não serão capazes de espelhar suas emoções de volta para você. Além disso, se você tem pais que querem que seja como eles e forçam suas opiniões sobre você, em vez de reconhecer como você se sente e seus desejos, você não será capaz de desenvolver um senso único de si mesmo e de identidade. Em vez de se sentir conectado com seus pais, você se desconectará não apenas deles, mas também de si mesmo.

Ao ser emocionalmente negligenciado e ignorado quando criança, é provável que se sinta insignificante, sem importância, desprezado, incompreendido e solitário – mesmo quando se tornar adulto. Sempre haverá um desejo e anseio de que outras pessoas o entendam, vejam e ouçam. Mas muitas vezes você acaba sentindo que algo está faltando em seus relacionamentos. Existe um muro invisível entre você e os outros que foi erigido na infância, quando suas necessidades emocionais não foram atendidas. Sua atual desconexão com os outros é apenas um reflexo de sua desconexão com seus pais.

CAPÍTULO 6

As Crenças que nos Mantêm Presos

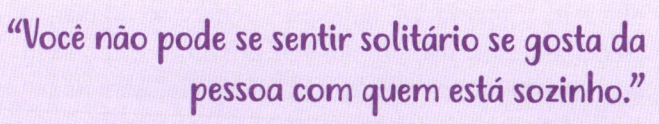

> "Você não pode se sentir solitário se gosta da pessoa com quem está sozinho."
>
> – Wayne Dyer

Por trás de cada história de solidão, há uma ideia predominante. Por muito tempo, a ideia central da minha história era *ninguém gosta de mim*.

Tudo começou no primeiro dia de aula no ensino médio. Durante a reunião de confraternização, minha mãe foi até o menino na minha frente e pediu que ele fosse meu amigo. Na hora me senti envergonhado e pensei comigo mesmo: *Eu tenho 13 anos. Sei como fazer amigos, mãe!* Mas, ao mesmo tempo, senti que, se eu precisava da minha mãe para me ajudar a me encaixar, havia algo errado comigo.

Minha mãe tinha todas as razões certas para seu comportamento. Na noite anterior ao meu primeiro dia de aula, ela ficou surpresa quando eu chorei na frente dela. Não chorei quando comecei o jardim de infância ou o ensino fundamental, e não sei o que deu em mim dessa vez. Como nunca havia estado em um acampamento ou fora de casa antes, eu provavelmente estava apavorado com o acampamento de três dias do qual todos os novos alunos tiveram que participar antes do início do período letivo. O novo ambiente era assustador, mas era provável que eu estivesse com mais medo de conviver com estranhos.

Depois do acampamento, senti-me excluído. Muitos dos meus colegas eram da mesma escola primária, então, já se conheciam. Embora eu também conhecesse alguém da minha escola anterior, não éramos tão próximos e me senti sozinho quando o vi formar rápido uma "panelinha" sem mim. Consegui fazer dois amigos que também não conheciam ninguém antes. Um deles era James, mas você sabe que fim levou nossa amizade. Fazer amigos se tornou o maior problema dos meus quatro anos no ensino médio, especialmente no primeiro ano.

Meu primeiro professor nos colocou em duplas de acordo com nossos nomes, e tínhamos que fazer a maioria de nossas atividades com nosso parceiro. Seria ótimo, se tivéssemos nos dado bem, mas não nos demos. Devíamos nos emparelhar uns com os outros quando passávamos de um local a outro. Mas às vezes meu parceiro sumia no fim da fila e me deixava sozinho na frente para levar a classe para o local seguinte. Não só meu parceiro não queria formar dupla comigo, como muitas vezes forçava outro aluno a trocar de lugar com ele. Sempre que eles brigavam, isso me fazia sentir tão indesejado e eu me perguntava:

CAPÍTULO 6

**? O que há de errado comigo?
Por que ninguém quer se juntar a mim?**

Aos poucos, depois de várias experiências infelizes semelhantes na escola, *concluí* que ninguém gostava de mim, nem estava interessado em ser meu amigo. Eu me considerava chato demais para as outras pessoas. Sempre que nossa turma tinha uma excursão, eu era um dos primeiros a entrar no ônibus. Eu não queria sentar ao lado de outro aluno e forçá-lo a conversar comigo. Eu sempre deixava os outros "escolherem" se queriam sentar ou não comigo.

Sentindo-me sozinho e sem ninguém com quem compartilhar, escrevia meus sentimentos em pequenos pedaços de papel e os enterrava no chão. Eu sentia falta dos meus amigos do ensino fundamental, mas não tinha seus números de telefone. Não havia telefones celulares ou redes sociais naquela época, e eu também achava que eles já haviam se mudado e encontrado novos amigos. Também não compartilhei minhas dificuldades com minha família porque não queria que se preocupassem comigo. Disse ao meu pai que queria mudar de escola, mas meu pedido foi rejeitado sem mais questionamentos por parte dele. Então, nos quatro anos seguintes, eu apenas fingi que estava me saindo bem na escola, enquanto, na realidade, mal podia esperar para me formar e sair de lá.

Felizmente, depois dos meus dias de ensino médio, tive colegas e amigos mais agradáveis. Mas embora fossem legais comigo, eu ainda acreditava que ninguém gostava de mim. Se você leu meu livro, *Empty Your Cup*, sabe que isso durou até meu primeiro emprego, quando desmoronei no banheiro do escritório e decidi fazer algo quanto à minha baixa autoestima.

Desde que abandonei minhas crenças limitantes, a narrativa crítica em minha cabeça diminuiu significativamente.

Como nossas crenças nos mantêm presos na solidão

Se nossas interpretações de eventos passados são como blocos de construção ou tijolos, então nosso sistema de crenças é como a cola ou cimento que mantém a história do ego unida. Nossa percepção de um evento singular pode nos prejudicar muito. Mas é a mesma percepção de múltiplos eventos que formam crenças e nos mantêm presos em um ciclo perpétuo de solidão. Se você continuar dizendo a si mesmo a mesma coisa, sua mente logo acreditará que é verdade, independente de ser ou não.

Uma vez que uma crença é formada e uma conclusão é alcançada, a mente começa a encontrar mais provas para apoiar a crença e torná-la mais forte. A mente ignora qualquer evidência que seja contrária à crença. Na maioria das vezes, nossa mente distorce e exagera a realidade para se adequar à nossa crença existente. A mente é um sistema muito eficiente. Não desperdiça nenhum esforço e tempo em reexaminar eventos semelhantes uma vez que uma conclusão tenha sido tirada. Em vez disso, dirige sua atenção para novos cenários nos quais nenhuma conclusão foi alcançada. Nossa interpretação dos eventos torna-se automática. Não se baseia em cada situação, no atual estado. O problema com isso é que a maioria de nossas crenças foi formada quando éramos jovens e impressionáveis, e era mais provável que ocorressem interpretações errôneas. Muitos de nós ainda carregam crenças da infância que não nos servem em nossa vida adulta.

CAPÍTULO 6

Além disso, suas crenças ditam suas ações, o que fortalece ainda mais suas crenças. Se você acreditasse que as pessoas não querem estar com você, você não se retiraria e manteria distância delas? Como você se aproxima de uma pessoa e se conecta profundamente com ela quando sente que ela não gosta de você? Mesmo que seja amigável, você duvidará de sua sinceridade e intenção.

> Nossas crenças não são permanentes.
> São apenas nossa maneira habitual de pensar.

Nossas crenças são geradas em nossa mente, e tudo o que é criado pela mente pode ser recriado. Podemos mudar nossas crenças ou escolher novas formas de pensar. No entanto, a maioria de nós não faz isso porque estamos tão convencidos pela história do ego que não podemos enxergar nenhuma outra perspectiva. Preferiríamos proteger nossas crenças a desafiá-las.

Além disso, as crenças nem sempre são fáceis de identificar. Muitos pensamentos passam por nossa mente todos os dias, e a maioria deles é automática. Sem atenção suficiente, podemos não estar conscientes das coisas que dizemos a nós mesmos. Além disso, nossas crenças nem sempre vêm na forma de palavras. Eles também podem estar na forma de imagens; às vezes, temos apenas uma sensação de que algo é verdadeiro para nós. Por exemplo, você pode saber intelectualmente que seus entes queridos se importam muito com você, mas ainda se sente em dúvida, não amado e solitário.

Nossas crenças geram pensamentos que evocam certos sentimentos em nós. Para nos impedir de ficar presos na solidão, temos que identificar essas crenças e mudar nossa maneira habitual de pensar.

Identificando suas crenças relacionadas à solidão

Meu quarto livro, *The Disbelief Habit*, trata de mudar o hábito da autocrítica. Há um capítulo nesse livro com foco em crenças que afetam a autoestima. A baixa autoestima e a percepção negativa de si mesmo também podem fazer com que nos sintamos solitários. No entanto, aqui me concentrei apenas nas crenças específicas que evocam sentimentos de solidão. Essas crenças, em geral, têm a ver com o modo como percebemos nossos relacionamentos e como pensamos que os outros nos percebem.

Existem algumas maneiras de descobrir suas crenças ocultas. Primeiro, sempre que você se sentir sozinho, pergunte a si mesmo:

> **O que estou pensando neste momento que me impede de sentir o amor e a conexão que desejo?**

O amor flui de forma natural quando não há barreiras psicológicas. Se você não sente amor, deve haver algo que você acredita que está causando essa desconexão. Pode ser uma crença sobre você ou outra pessoa. Pode ser uma crença que o impede de receber ou oferecer amor. Você também pode ter uma crença sobre uma condição que acha que precisa satisfazer antes de ser digno de amor.

CAPÍTULO 6

Queremos ser mais conscientes e céticos em relação aos nossos pensamentos. A maioria de nossos pensamentos é automaticamente produzida por nossa mente e baseada em nosso sistema de crenças desatualizado. Assim, eles tendem a ser similares. Depois de identificar um padrão, você conhecerá as crenças que estão constantemente gerando seu sentimento de solidão.

Como alternativa, a seguir estão algumas crenças comuns relacionadas à solidão. Leia-as em voz alta e faça uma pausa para verificar a reação em seu corpo. Se seu corpo tem uma reação intensa a qualquer uma dessas crenças, ou elas evocam um sentimento de solidão ou tristeza, isso significa que é provável que você possua essa crença.

Ninguém se importa comigo

Outras crenças semelhantes:
Ninguém gosta de mim
Ninguém me ama
Ninguém apoia o que eu faço
Ninguém quer ficar perto de mim
Ninguém me nota.

Uma crença comum que evoca a solidão é: *Ninguém se importa comigo*. Você pode substituir o verbo "importar-se" por outros verbos nessa afirmação negativa, como "gostar", "amar", "ouvir", "apoiar", "querer" ou "notar", e você terá a mesma sensação de isolamento. Essa crença evoca muita dor porque faz que nos sintamos invisíveis, indesejados e sem importância. Ela nos diz que não importamos para outras pessoas, sobretudo aquelas com quem nos preocupamos e das quais desejamos amor.

Como mencionado em meu livro, *The Disbelief Habit*, a palavra "ninguém" soa dramática, mas não pode ser confirmada. Você não pode ter certeza de que ninguém o ama a menos que verifique com todos e, como não há como verificar isso com todas as pessoas que vivem no planeta, essa afirmação não pode ser comprovada. Além disso, essa afirmação não pode ser verdadeira a menos que você não se ame.

Entendo que há momentos na vida em que sentimos que ninguém se importa conosco, momentos em que as pessoas centrais em nossa vida não são tão solidárias ou amorosas quanto gostaríamos que fossem. Mas esquecemos que somos suficientes e completos por nós mesmos. Não podemos depender dos outros o tempo todo, mas sempre podemos estar lá para nós mesmos. Não estar lá para si mesmo quando você precisa é uma forma de autoabandono. Isso significa que você não se valoriza o suficiente e não está assumindo total responsabilidade por suas necessidades.

> Essa crença em geral, decorre da baixa autoestima ou de nossas expectativas em relação aos outros.

Achamos que as outras pessoas não se importam conosco porque somos indignos de sua atenção. Há algo de que nos

envergonhamos em nós mesmos que torna difícil acreditar que as pessoas vão gostar de nós. Para se aprofundar em suas crenças e compreender com quais aspectos de si mesmo você tem problemas, complete esta frase: *Ninguém gosta de mim porque...*
    Eu costumava pensar que ninguém queria falar comigo porque eu era muito quieto e chato. Então, eu me retraí, e isso fez eu me sentir ainda mais solitário. Mas agora entendo que não devo usar a quantidade de interação social que tenho para determinar minha simpatia. Eu sou quieto, mas isso não significa que outras pessoas não gostem de estar perto de mim. Algumas pessoas admiram minha presença silenciosa, enquanto outras simplesmente não sabem como se aproximar de mim e iniciar uma conversa porque também têm medo de rejeição.
    Outras vezes, esse tipo de crença pode ser resultado de nossas expectativas não atendidas dos outros. Aqui estão alguns exemplos de tais expectativas:

> Se a pessoa se importa comigo, vai lembrar do meu aniversário e responder às minhas mensagens.

> Se gosta de sair comigo, tomará a iniciativa de entrar em contato comigo e passar mais tempo comigo.

> Se ela me ama, não vai me criticar. Vai me apoiar.

> Se formos próximos de verdade, confiará a mim seus problemas.

> Se estiver de fato interessada em mim, esperará que eu termine de falar e não me interromperá.

Ter esse tipo de expectativa nos impede de formar relacionamentos profundos com os outros. Todo mundo tem suas preferências. Algumas pessoas são passivas e escolhem passar mais tempo sozinhas, por isso, preferem que seus amigos entrem em contato com elas primeiro. Outras são muito reservadas; não desejam compartilhar algo pessoal, mesmo com seus amigos mais próximos. Algumas são distraídas e podem esquecer seu aniversário ou deixar de retornar suas mensagens de texto, mas isso não significa que não se importam com você. Quando presumimos que outras pessoas têm as mesmas preferências e expectativas que nós – e as julgamos por não atenderem a essas expectativas –, isso cria mal-entendidos e nos deixa decepcionados o tempo todo.

Ficarei sempre sozinho

> Outras crenças semelhantes:
> Nunca encontrarei alguém especial
> Estou destinado a ser solteiro
> Eu nunca vou me casar
> Eu não vou experimentar o amor
> Vou ficar sozinho para sempre.

Essa crença tem a ver com não conseguir o relacionamento romântico que você deseja. As palavras "ninguém", "sempre" e "nunca" são termos que nossa mente costuma usar para exagerar quão ruim é nossa situação. Estar sozinho agora não significa que ficaremos sozinhos para sempre. Significa apenas que estamos sozinhos neste momento.

CAPÍTULO 6

> *Essa crença traz uma sensação de desesperança em relação ao futuro. Quando temos tais crenças, é fácil cair no modo de autopiedade.*

Você quer amor, mas acredita que não o merece. Você acha que seus defeitos o impedem de construir relacionamentos amorosos. Essa crença também pode ser resultado de um rompimento importante ou da perda de alguém especial e você não consegue lidar com isso. Você acredita que nunca voltará a experimentar o mesmo tipo de amor, ou que existem pessoas disponíveis, mas elas não são as pessoas que você deseja namorar ou ter proximidade. Alguns de nós são atraídos por pessoas indisponíveis. Ansiamos por um amor que nunca poderemos ter em um esforço para reencenar nossas experiências infantis de não receber o amor que desejávamos de nossos pais. Então, continuamos encontrando pessoas que não retribuem nosso amor para reafirmar que não somos bons o suficiente, e que estamos destinados a ficar solteiros para sempre. A menos que processemos a dor que carregamos desde a infância e nos permitamos ter amor no presente, continuaremos ansiando pelo amor que está faltando – em vez de vivenciar o amor que está disponível atualmente.

Por trás dessas crenças, há também uma crença que sugere que estar sozinho ou solteiro é ruim. Conforme mencionado no Capítulo 1, isso geralmente é resultado de nosso condicionamento social. Acreditamos que precisamos de outra pessoa em nossas vidas para nos sentirmos completos. Mas a verdade é que ninguém pode nos completar porque já somos completos por nós mesmos. Outros podem apenas nos lembrar da totalidade que já somos. Aceitar essas crenças apenas nos treina a focar no amor fora de nós – em vez de no amor que está dentro de nós.

Os outros estão mais felizes sem mim

> Outras crenças semelhantes:
> Eles estão melhor sem mim
> Eles não precisam de mim
> Eu não importo para eles
> Eles devem ficar longe de mim
> Eles estão mais interessados uns nos outros do que no que eu tenho para compartilhar.

Formamos essa crença quando vivenciamos algum tipo de exclusão e rejeição social no passado. Essa crença diz respeito ao que você acha que outras pessoas preferem ter em um amigo ou membro da família. Você acredita que não tem essas qualidades, ou outras pessoas têm mais qualidades do que você e, portanto, você não está recebendo o amor e a atenção que outras pessoas estão recebendo. Por exemplo, você pode acreditar que os outros preferem amigos mais extrovertidos, simpáticos, engraçados, otimistas e charmosos e, como você não possui essas características, é menos desejável.

CAPÍTULO 6

> Achamos que sabemos o que as outras pessoas querem e o que é melhor, então decidimos por elas, em vez de permitir que façam suas próprias escolhas.

Quando carregamos essas crenças, tendemos a nos retrair e nos isolar sem dar aos outros a chance de nos conhecer melhor. De certo modo, tomamos uma decisão em nome deles com base no que vimos, e concluímos que eles não querem interagir conosco.

Embora algumas pessoas achem mais fácil se conectar, isso não significa que elas não estejam interessadas em se conectar conosco. Sim, elas podem ter suas preferências sobre com quem gostam de conversar, mas a maioria de nós quer variedade em nossa vida. Queremos diferentes tipos de amigos – amigos com os quais possamos ter conversas profundas; amigos que compartilham os mesmos interesses que nós; e amigos com quem saímos regularmente. Dê a eles o poder de escolher com quem querem interagir, em vez de decidir por eles e impedir seu desejo de se conectar.

Além da solidão, você também pode querer verificar se existem emoções subjacentes. Como você conclui que as pessoas são mais felizes sem você? Sua crença é baseada na vergonha ou na inveja? Exemplos de crenças baseadas na vergonha podem ser você estar doente ou deprimido e não desejar ser um fardo para outras pessoas. Você pode ter sido abusado no passado e se sentir indigno. Se sua crença é baseada na inveja, provavelmente é porque você duvida de sua desejabilidade, e se sente inseguro ou ameaçado quanto à sua posição no coração de outras pessoas. Você sente que as outras pessoas estão se dando melhor umas com as outras do que com você. Embora essa crença pareça se concentrar nos outros, ela aponta para uma questão central que muitos de nós temos lá no fundo: não acreditamos que somos dignos o suficiente para sermos amados. Acreditamos que sempre seremos rejeitados pelos outros, por isso, desistimos de relacionamentos sempre que há o menor sinal de rejeição. Quando não nos sentimos amados, tendemos a ser passivos e esperar que outras pessoas se interessem por nós ou nos recebam em um grupo, em vez de proativos na construção de relacionamentos. Queremos que os outros confirmem que somos dignos de sermos amados antes de investir em um relacionamento.

No entanto, essa crença, como a maioria das outras crenças, geralmente é autorrealizável. Quando você se retrai, outras pessoas podem pensar que você não está interessado nelas, então elas o deixam em paz. Assim, você recebe mais evidências para apoiar sua crença de que os outros são mais felizes sem você.

Não me encaixo em lugar nenhum

Outras crenças semelhantes:
Sou muito diferente dos outros
Não há ninguém como eu
Eles não entendem o que estou passando
Não consigo me conectar com os outros em um nível mais profundo
Não consigo me relacionar com as pessoas ao meu redor.

Essa crença envolve nossa percepção negativa de ser diferente. Em vez de apreciar nossa singularidade, achamos que as pessoas não gostam de nós, ou temos dificuldade para nos encaixar porque somos muito diferentes dos outros.

> **Para nos conectarmos com os outros, somos obrigados a procurar semelhanças. Mas alguns de nós são programados para procurar diferenças.**

Todo mundo é diferente. Não há dois seres humanos iguais. Se nos concentrarmos em nossas diferenças, com certeza podemos encontrar muitas. Ser diferente não é ruim, mas se nos focarmos apenas em quão diferentes somos dos outros, isso não nos ajuda a nos conectar com eles. Conexão social significa encontrar algo que você tem em comum com outras pessoas.

No entanto, alguns de nós não receberam espelhamento suficiente durante a infância. Nossas primeiras interações com nossos pais eram baseadas em contrastes, não em semelhanças. Somos levados a acreditar que precisamos nos diferenciar e ser especiais, para que nossos pais nos notem. Tentar encontrar semelhanças com os outros apenas nos lembra da dor que sentimos na infância quando nossos pais não conseguiram se conectar conosco.

Além disso, justificar a ideia de que nossos pais não nos amam – pensando que eles não podem se relacionar conosco por causa de nossas diferenças – ajuda a minimizar a dor mais profunda de não nos sentirmos amados. Isso é mais suportável para uma criança. Pelo menos, há algo em que podemos trabalhar, que é fazer com que nossos pais entendam nossa identidade única. Acreditamos que, quando nossos pais finalmente nos entenderem, sentiremos o amor pelo qual ansiamos e, assim, carregamos a mesma crença até a idade adulta. O que não percebemos é que quando acentuamos quão diferentes somos dos outros, tornamos mais difícil para os outros se conectarem conosco. Nosso desejo constante de fazer com que outras pessoas nos entendam e aceitem nossas diferenças as afasta, em vez de atraí-las para nós. As pessoas ou nos veem como egocêntricos e individualistas, ou não conseguem nos compreender completamente da maneira que queremos. Isso, no fim, nos conduz a mais solidão.

Por fim, a mente gosta de brincar do jogo de se encaixar. Nossa mente está o tempo todo avaliando se pertencemos ou não a um grupo. No passado, era importante pertencer a uma tribo, porque se não o fizéssemos ficaríamos à nossa própria sorte em ambientes perigosos, onde poderíamos nos tornar comida para predadores. Hoje em dia, entretanto, não enfrentamos esses perigos e todos estamos evoluindo a diferentes velocidades. Podemos estar "dentro" de um grupo em uma hora e "fora" dele no momento seguinte. Quando há um propósito comum, reunimo-nos e quando não há mais um propósito em permanecermos juntos, seguimos caminhos separados. Nem sempre é benéfico permanecer no mesmo grupo. Do ponto de vista mental, ou nos encaixamos ou nos destacamos. Não há um meio-termo. No entanto, o verdadeiro pertencimento e significado residem no estado sem forma de quando estamos profundamente conectados com nosso espírito e o cosmos. Não se trata de se encaixar para se sentir aceito ou se destacar para ser notado.

CAPÍTULO 7

Os Hábitos que Sustentam Nossa Solidão

> "Cada ação que você toma é um passo para o tipo de pessoa que você deseja se tornar."
> – James Clear, *Atomic Habits*

Um dia, em 2018, eu estava no ônibus e me sentia entediado, então, comecei a navegar distraído no aplicativo do Facebook no meu celular. Quando vi uma foto dos meus amigos jantando juntos, meu primeiro pensamento foi: *Por que eu não fui convidado?*

Tendo praticado *mindfulness* (atenção plena) por alguns anos, eu sabia que tinha que me manter presente e não deixar o que eu vi se transformar em uma história de vitimização. Mas era tarde demais: o "veneno" já havia se espalhado pelo meu corpo. Embora tivesse logo fechado o aplicativo e tentado não pensar nisso, senti uma pontada de dor enregelante apoderando-se de mim. Nos dois dias seguintes, fiquei fora de combate. Eu pensava: *Qual é o problema comigo? Por que eu não fui convidado?* A sensação de não ser bom o suficiente começou de novo a retornar de modo sorrateiro, e culpei meus amigos por me abandonarem. Fui levado de volta à época em que eu tinha sido deixado de fora pelos meus colegas.

No primeiro ano do ensino médio, eu era o secretário de classe. Mas, um dia, quando voltei do recreio, percebi que o comitê de classe estava realizando uma reunião sem mim. Sendo a única pessoa não convidada para a reunião, não me atrevi a entrar na sala de aula. Pensei comigo mesmo: *E se eles não me quiserem na reunião? Eu me sentiria tão envergonhado se entrasse abruptamente.* Então, fiquei do lado de fora da sala de aula, escondi-me em um canto, e os observei conversando alegremente pelo vão entre as vidraças. Quando o recreio acabou, ninguém me falou nada sobre a reunião. Desde então, essa imagem minha do lado de fora da sala de aula ficou guardada na minha cabeça.

Mesmo hoje, já adulto, quando converso com outras pessoas em um grupo, às vezes surge uma parede invisível entre nós. É como se estivéssemos separados por uma sala de aula. Eu me sinto excluído e deixado de fora, principalmente se as pessoas estão rindo entre si e eu não estou envolvido na conversa. Distancio-me devagar, desvinculo-me e participo menos da conversa. Com o tempo, isso se tornou um hábito. Quanto mais pessoas em um grupo, menos envolvido me torno e mais me sinto desnecessário.

CAPÍTULO 7

> Às vezes, ter consciência não é o bastante. Alguns de seus hábitos têm um impulso tão forte que o empurram em uma direção que você não quer seguir.

Eu sabia que ficar me remoendo sobre a foto do Facebook me levaria ao modo de autopiedade. Mas meu corpo ainda carregava tanta dor emocional do passado que fui arrastado para fora da quietude. Não pude deixar de pensar que tinha sido abandonado pelos meus amigos. Eu não estava presente e consciente o suficiente naquela época, e não consegui deter o impulso em minha mente e corpo. Minha mente estava tão acostumada a contar a mesma velha história, e meu corpo estava tão familiarizado a reagir a ela, que apenas estar ciente da história não era suficiente para me impedir de ser levado de volta ao passado. Demorei dois dias para sair desse ciclo e, durante meses, continuei retornando ao espaço da solidão e do abandono, de tempos em tempos, até que agi e mudei alguns de meus hábitos.

A crença, em si, é um hábito de pensamento. Temos o hábito de pensar os mesmos pensamentos vezes sem conta. Já abordamos algumas crenças básicas no capítulo anterior. Aqui, o foco está nos hábitos comportamentais – as ações habituais que tomamos que geram nossa solidão.

O hábito de usar a tecnologia de modo negligente

Algumas pessoas pensam que a evolução da tecnologia, como as mídias sociais, nos torna mais conectados; já outros pensam que as mídias sociais nos fazem sentir mais desconectados. A verdade é que a tecnologia é neutra. As mídias sociais são apenas um meio para nos comunicarmos uns com os outros, a despeito da distância física entre nós. No entanto, a tecnologia pode ampliar os problemas existentes da raça humana e dos indivíduos. Se você é alguém que se sente solitário ou inveja os outros com facilidade, a tecnologia amplificará esses sentimentos. Se houve questões no passado com as quais você não lidou, agora há mais pontos desencadeadores ao usar as mídias sociais. Se você tem medo de ficar por fora, não consegue evitar de abrir seus aplicativos de mídia social para ver o que outras pessoas estão fazendo. E quando vê outras pessoas fazendo coisas sem você, sentimentos de exclusão surgirão, mesmo que estejam envolvidas em algo que não lhe interessa. Eckhart Tolle, o mestre espiritual, expôs melhor a questão: a tecnologia é uma extensão e ampliação da mente humana. Se soubermos como usar nossa mente, seremos capazes de usar a tecnologia de modo eficaz.

> Esteja atento a como você usa a tecnologia, porque ela pode sobrecarregá-lo com informações, ou fornecer dados falsos e incompletos.

No meu caso, não chegaria ao meu conhecimento que meus amigos jantaram sem mim se não fosse pela tecnologia. Não preciso saber que não fui convidado, mas a tecnologia me deu acesso a tal informação. A tecnologia também pode nos levar a interpretar mal o comportamento dos outros. Por exemplo, alguns aplicativos de mensagens, como o WhatsApp, mostram ao usuário se as mensagens enviadas foram recebidas e lidas pelos destinatários. O aplicativo também mostra se seus amigos estão *on-line* e se estão digitando uma mensagem para você. Ver sua mensagem lida, mas não respondida pode ser perturbador e gerar ansiedade se você é uma pessoa insegura quanto aos seus relacionamentos.

Além disso, nem todas as informações que você vê *on-line* são precisas. Às vezes, pessoas deprimidas e solitárias postam fotos felizes de si mesmas *on-line*. O fingimento é levado a outro nível nas mídias sociais. As pessoas não apenas precisam fingir que estão felizes na frente dos outros, mas agora também precisam mostrar que estão felizes *on-line*. Ver fotos felizes de outras pessoas pode fazer você se sentir pior em relação a si mesmo. Você pode começar a se perguntar: *Por que todos, menos eu, estão conseguindo o que querem? Por que eles têm tantos amigos e eu não? Por que eles são tão próximos de sua família, mas eu não?* Quando consumimos informações *on-line*, devemos estar cientes de que as informações podem estar incompletas ou incorretas. Muitas vezes, as pessoas preferem compartilhar suas alegrias em vez de suas dificuldades.

Para ter mais controle sobre quais informações eu consumo *on-line*, desliguei o recurso de notificação *push* para a maioria dos meus aplicativos móveis e também sou mais consciente ao usar meu celular. Em vez de pegar o telefone e começar a usá-lo de maneira indiscriminada, primeiro me pergunto: *Qual é o meu propósito de usar o telefone agora?* Se você não desenvolver bons hábitos no uso da tecnologia, ela se torna apenas mais um canal para sua mente encontrar mais provas de que você não é bom o suficiente para os outros. Ela também estimula nosso hábito de nos compararmos com os outros, que é outro hábito que promove a solidão e a separação.

O hábito de nos compararmos com os outros

O ego prospera na separação – e a comparação produz separação. Não importa se é uma comparação positiva ou negativa. Quando você se compara com os outros e se sente inferior, superior ou mesmo igual de alguma forma, você está se separando dos outros.

Uma comparação que muitas vezes provoca solidão é comparar nossos relacionamentos com os de outras pessoas. Muitas vezes questionamos por que não temos o que as outras pessoas têm ou por que elas estão mais próximas umas das outras do que de nós. Independente da resposta que lhe vier à mente, não é agradável. Se acha que é porque outras pessoas são mais sociáveis ou atraentes que você, então você se sentirá inferior. Se acredita que é mais espiritualizado, mais rico ou mais inteligente do que os outros, e por esse motivo as pessoas não o compreendem ou não gostam de você, é provável que sinta uma sensação de separação dos outros. Mesmo que se veja em condição de igualdade com a outra pessoa, pode sentir que é injusto quando ela recebe algo e você não. Você pode até sentir inveja.

Outra comparação comum que nos faz sentir solitários é quando comparamos quanto tempo e esforço dedicamos a um relacionamento. Acreditamos que sempre depende de nós estarmos disponíveis e iniciarmos um *chat* ou outro tipo de contato. Estamos mais interessados em ser amigos dos outros do que eles de nós. Mas comparar o quanto contribuímos para nossos relacionamentos e julgar o esforço de outra pessoa não nos aproxima; só nos faz sentir desconectados.

> É melhor não comparar, porque comparar cria uma necessidade de justificativa, o que só pode fazer você se sentir pior.

Seja como for, a comparação é muitas vezes injusta, porque há muitos preconceitos e erros quando comparamos. Quando comparamos, muitas vezes justificamos o resultado com nossas crenças existentes. Comparar serve apenas para apoiar as crenças negativas que já temos sobre nós mesmos e os outros. Além disso, muitas vezes comparamos nosso interior com o exterior de outras pessoas. Usamos o que sentimos por dentro e comparamos com o que aparece do lado de fora de outras pessoas. Na maioria das vezes, não sabemos o que as outras pessoas estão passando. Elas podem parecer bem-sucedidas em suas carreiras e casamentos, mas também se sentirem solitárias. Às vezes, nossa comparação é baseada em nossa imaginação, não no que de fato observamos. Quando nos sentimos sozinhos, imaginamos que todo mundo está se divertindo com seus amigos. Isso só intensifica nossos sentimentos de solidão. Temos a tendência de imaginar o melhor para os outros e o pior para nós mesmos. Achamos que somos os únicos a ter dificuldades, quando na

realidade existem muitas pessoas como nós que compartilham a mesma experiência.
No fim das contas, o que importa não é quão próximo as outras pessoas estão umas das outras. É quão próximo e conectado *você* está com outras pessoas. Os relacionamentos delas com os outros não devem afetar seus relacionamentos com ninguém. Quando comparamos, treinamos a nós mesmos para focar no que está ausente e faltando em nossa vida. Em vez de se comparar com outra pessoa, aprecie o que você tem agora e o que tem a oferecer.

O hábito de levar as coisas para o lado pessoal

O ego adora tornar tudo pessoal. Levar as coisas para o lado pessoal aumenta a narrativa e ajuda a fortalecer a identidade superior ou inferior que o ego está construindo. Todas as crenças mencionadas no capítulo anterior podem ser rastreadas até algum tipo de autopercepção negativa. Quando levamos as coisas para o lado pessoal – pensando que tudo que dá errado tem algo a ver conosco –, nossas crenças negativas são acionadas e nos sentimos solitários.

As ações de outras pessoas, em geral, têm mais a ver com elas do que conosco. Quando alguém não entra em contato conosco ou não retorna nossas mensagens, talvez esteja ocupado, distraído ou tenha novas prioridades na vida. Talvez essa pessoa simplesmente não esteja a fim de conversar com ninguém e precise de espaço, ou sinta que é hora de passar para outro relacionamento. Seja qual for o caso, não tem nada a ver conosco. Não somos responsáveis por suas ações e suas percepções. Não podemos controlar o que os outros fazem

CAPÍTULO 7

ou como eles pensam e se sentem em relação a nós. Quando levamos as coisas para o lado pessoal, não apenas começamos a nos julgar, mas também culpamos os outros e nos colocamos como vítimas. Julgar os outros e sonegar o nosso amor faz que nos desconectemos do amor.

> *O ego prospera na separação, e que jeito melhor de criar separação senão criando inimigos?*

    Quando alguém diz ou faz algo que nos magoa, nossa mente não perde tempo em identificá-lo como vilão ou pessoa má. Muitas vezes, confundimos as ações de outras pessoas com quem elas são. As pessoas podem ter agido de maneira que nos magoou, mas isso não significa que tenham más intenções ou que *pretendiam* nos magoar.
    Por exemplo, uma vez uma leitora criticou minha escrita e sua escolha de palavras foi dura. Ela usou palavras como "obsessivo", "arrogante" e "repulsivo". Eu sabia que ela tinha boas intenções. Ela estava apenas tentando me ajudar a me tornar um escritor melhor, mas isso não apaga o fato de que fiquei magoado. Então, escrevi para ela e expliquei como me sentia, e como meu pai costumava me criticar para me motivar, e como isso só fazia eu me sentir mal comigo mesmo. Também lhe disse que não acredito que palavras duras sejam necessárias ao dar *feedback* a outra pessoa. Ela me respondeu e disse que sua infância foi parecida com a minha e que nunca teve a intenção de me magoar. Inglês não é sua língua nativa

125

e o que ela quis dizer pode ter se perdido na tradução. Se eu a tivesse julgado e considerado uma pessoa mal-intencionada desde o início, teria perdido essa oportunidade de me conectar com minha leitora em um nível mais profundo.

Julgar os outros também nos impede de curar nossa dor. Ter alguém para culpar pode nos passar uma sensação boa. Mas, ao fazê-lo, perdemos a oportunidade de autorreflexão e de descobrir a dor emocional que está enterrada fundo dentro de nós. Suas emoções lhe oferecem informações sobre você. Elas não fornecem informações sobre outras pessoas. Quando você se sente solitário, está se apegando a alguma percepção mental que o está impedindo de sentir amor. O que as outras pessoas fazem é secundário. Na maioria das vezes, elas apenas reativam a dor que você já está carregando. Se você se sente magoado ou insuflado pelas ações de outras pessoas, é provável que tenha vivenciado algo semelhante no passado que ainda não resolveu. As ações das outras pessoas têm a ver com elas, mas nossa reação às ações delas têm a ver conosco.

O hábito de buscar a aprovação dos outros

Como seres humanos, todos nós possuímos um desejo inato de pertencimento. A maioria de nós aprendeu na adolescência que temos de seguir a norma do grupo, agir como todo mundo e atender aos outros para nos encaixarmos. Às vezes, devido à pressão dos colegas, somos persuadidos a fazer algo que normalmente não fazemos ou não queremos fazer. Mesmo que de forma velada, ainda sentimos a pressão de nos enquadrarmos por causa de nosso medo de rejeição e exclusão.

CAPÍTULO 7

No entanto, encaixar-se não é o mesmo que pertencer. Não sentimos que pertencemos quando temos de sacrificar nosso eu autêntico para obter a aprovação dos outros. Quando não podemos ser e nos expressar de maneira integral, sentimo-nos desconectados e solitários por dentro. Seja em um contexto de grupo ou em um relacionamento individual, sempre que você agrada aos outros em detrimento de sua verdade, está enviando a si mesmo a mensagem de que não é tão importante quanto a outra pessoa. Toda vez que você adota uma fachada ou muda quem você é para se encaixar, você está abandonando a si mesmo no processo.

A verdadeira aceitação não exige que você se encaixe ou mude quem você é. Não precisa ser buscada; ela é dada a você.

Eu costumava me sentir solitário porque não me encaixava. No ensino médio, eu era um garoto quieto e *nerd* que adorava ler. Os outros meninos da minha escola eram mais ativos e barulhentos. Eu achava difícil conviver com eles. Sentia que tinha que abrir mão da minha personalidade introvertida e do meu interesse pela leitura para me encaixar. Mas eu não queria fazer isso. Eu preferiria ser rejeitado por meus colegas do que me comprometer de tal forma.

Hoje, percebo que não há necessidade de me encaixar ou buscar a aprovação dos outros. Posso ser eu mesmo e reconhecer meu valor. Isto é suficiente. Além disso, amigos que realmente amam e acolhem você vão aceitar e apreciar seu modo de se autoexpressar único. Eles não vão pressioná-lo ou forçá-lo a mudar ou fazer algo que você não gosta. Encaixar-se exige que você mude, mas a verdadeira aceitação, não. Se você precisa fingir ser outra pessoa para se sentir aceito pelos outros, então, qualquer aceitação que você recebe é falsa. As pessoas não apreciam de verdade quem você é. Você só é aceito se estiver de acordo com a imagem que elas projetam em você. Nesse caso, talvez seja hora de seguir em frente e considerar outros grupos.

Além disso, a aceitação deve ser dada de modo espontâneo. Não deveríamos ter que implorar por ela, manobrá-la, merecê-la ou buscá-la. Você não pode forçar outras pessoas a aceitá-lo quando elas não aceitam. A razão pela qual temos o hábito de buscar aprovação é que achamos que as pessoas nos aceitarão se nos tornarmos o que elas querem que sejamos. Essa é uma estratégia que a maioria de nós aprendeu para receber amor de nossos pais quando éramos pequenos. Acreditamos que precisamos ser o que nossos pais querem que sejamos para sermos amados por eles. Mas isso é amor condicional, e se exagerarmos, corremos o risco de desenvolver o hábito de negligenciar a nós mesmos e perder o contato com nossos verdadeiros desejos e propósitos.

O hábito de ficar na defensiva

O ego nos protege de sermos magoados pelos outros. Mas se isso alcançar um patamar extremo, desenvolveremos problemas de confiança e acharemos difícil nos conectar com alguém em um nível mais profundo. Exemplos de ficar na defensiva incluem: retrairmo-nos quando nos sentimos

CAPÍTULO 7

magoados; mantermos uma distância emocional, não compartilhando muito sobre nós mesmos; ou tentarmos parecer perfeitos na frente dos outros, projetando a imagem que queremos que os outros vejam.

O condicionamento social nos dita que é inadequado compartilhar nossas dificuldades e dores emocionais com os outros. Não queremos parecer carentes, incompetentes ou ser um fardo. Então, mostramos as partes de nós mesmos que achamos aceitáveis e ocultamos aquelas das quais nos envergonhamos. Os homens, em particular, sentem vergonha de falar sobre suas emoções e problemas com os outros porque têm medo de parecerem fracos. Somos ensinados a agir com firmeza e mascarar nossas inseguranças. Pessoas com doença mental e aquelas que sofrem de traumas como abuso ficam em silêncio e não falam sobre suas dificuldades porque não se sentem seguras para compartilhar suas experiências.

Mas ficar em silêncio não significa que somos fortes. Podemos parecer fortes, mas se fingimos ser felizes, não estamos sendo honestos conosco ou com qualquer outra pessoa. Quanto mais protegemos nosso coração e escondemos nossas dificuldades, mais nos sentimos desconectados. As outras pessoas não têm a oportunidade de nos compreender e pelo que estamos passando, a menos que nos abramos.

> Guardar tudo para nós mesmos faz que sintamos que somos os únicos que vivenciam dificuldades.

Quando nos fechamos para os outros, sentimo-nos isolados do mundo e das pessoas ao nosso redor. Quando nos abrimos, damos permissão a outras pessoas para fazerem o mesmo. Oferecemos a elas a chance de nos amar e nos apoiar. Há cinco anos, tive um colapso quando compartilhei minhas experiências de infância de baixa autoestima durante uma apresentação. Após o evento, meus amigos vieram até mim individualmente para demonstrar apoio. Alguns perguntaram se eu estava bem. Alguns disseram que eu era corajoso e autêntico. O momento mais emocionante foi quando recebi um bilhete de um amigo que me disse que também tinha baixa autoestima quando era jovem. Sempre soube que muitas pessoas têm baixa autoestima, mas ouvir isso de alguém – sobretudo, de um amigo que eu via como seguro e bem-sucedido – fez com que eu me sentisse mais conectado a ele e a mim mesmo.

Sem dúvida, antes que possamos nos abrir para os outros, primeiro temos de nos conectar profundamente com nossas próprias emoções e pensamentos e processá-los. Compartilhar o que pensamos e sentimos não é o mesmo que compartilhar como os outros nos fazem pensar e sentir. Um tem a ver com assumir a responsabilidade, enquanto o outro tem a ver com culpar outra pessoa. Se não formos responsáveis por nossas próprias emoções e pensamentos, não poderemos ter uma conversa significativa com mais ninguém. O que compartilharmos soará mais como reclamações, desabafos ou histórias tristes. Isso só afasta as pessoas e atrai outros queixosos ou vítimas à nossa vida.

PARTE 3

Permanecendo Conectado

CAPÍTULO 8

Mudando a História do Ego

> "Devemos reescrever nossa história, mudando de uma de medo para uma de celebração."
> – Kameron Hurley, *Rapture*

Em meu livro *Empty Your Cup*, compartilhei a analogia do filme: nosso eu espiritual é como uma plateia assistindo à produção; nossa mente é como o diretor que faz o filme, e nosso corpo é como um ator que executa as instruções dadas pelo diretor.

Quando não temos consciência do nosso eu espiritual, criamos uma completa identificação com a história criada pela mente. Estamos tão absorvidos pelo "filme" que esquecemos que somos a plateia e não os personagens do filme. Mesmo que a história faça com que nos sintamos solitários, continuamos assistindo ao filme e acreditando que a história é verdadeira, porque não há espaço entre o filme e a plateia.

No entanto, uma vez que nos tornamos conscientes de nossa natureza espiritual, nós nos damos conta de que somos observadores percebendo eventos em nossa vida, assim como somos a plateia assistindo a um filme. Sabemos que o filme é criado pela mente e não nos identificamos mais com a história. Se um filme não vale a pena ser assistido, como plateia podemos optar por não assisti-lo.

> Como plateia, podemos escolher o filme que queremos assistir.

Quando você se sentir solitário, reconheça sua emoção e permita-se senti-la, em vez de vê-la como algo que você precisa consertar ou se livrar. Encare isso como uma escolha que você precisa fazer. Qual filme você quer assistir? Um filme sobre solidão e separação, ou um filme sobre amor e conexão? Quando estiver cansado do mesmo velho e melancólico filme que está passando em sua mente, você naturalmente vai querer mudar a história. E se você tem consciência de como seu ego cria as histórias, pode romper a estrutura pouco a pouco.

Relato a seguir como eu fiz isso.

Primeiro, comecei a mudar meus hábitos. Para mim, esta foi a coisa mais fácil de fazer. Como mencionado antes, desliguei todas as notificações *push* para mídias sociais e aplicativos de mensagem. Alterei as configurações nas

CAPÍTULO 8

minhas redes sociais para ter um melhor controle de quais postagens vejo no meu *feed* de notícias. Eu punha de lado meu celular de manhã e não verificava minhas mensagens até o meio-dia. O objetivo de fazer esses pequenos ajustes e mudanças era reduzir o número de pontos desencadeadores e eventos que poderiam ativar meu ego para contar suas histórias. Quero usar meu celular quando tenho a intenção de usá-lo, não sempre que houver um alerta de notificação.

A segunda coisa que fiz foi impedir minha mente de interpretar os eventos da mesma maneira o tempo todo. Como mencionado no Capítulo 5, os eventos não nos afetam: o significado que atribuímos a eles, sim. Hoje estou mais atento a quais eventos acionam meu ego para contar suas histórias. E sempre que esses eventos ocorrem, eu apenas observo a interpretação e então a abandono de imediato. Por exemplo, quando minha mente começa a justificar por que alguém não responde à minha mensagem, digo a mim mesmo: *Eu não preciso saber por que alguém não respondeu à minha mensagem. É assim que deve ser e ponto.* Então, prossigo com a minha vida. Compreendo que não importa qual justificativa minha mente apresente – se é por minha culpa ou por culpa da outra pessoa – isso só traz desconexão, então, é melhor não interpretar os eventos. Sem interpretação, os eventos não podem nos causar nenhum dano.

Sem dúvida, não é fácil mudar nossos hábitos mentais da noite para o dia. A interpretação dos eventos é sustentada por nossas crenças, que, em geral, são formadas e levadas adiante desde a infância. Portanto, já existe um impulso para interpretar os eventos da mesma forma. Levará algum tempo e muita prática para a mente se acostumar a não interpretar os eventos desse jeito. Às vezes, é mais fácil remover seus bloqueios psicológicos mudando sua perspectiva em relação a eventos antigos ou então introduzindo uma nova crença.

No meu caso, a crença que vinha me mantendo preso é: *Ninguém quer ser meu amigo*. Ao examinar mais profundamente, percebi que minha crença subjacente é: *Eu não sou importante e merecedor de atenção o suficiente*. Essa crença foi formada quando fui emocionalmente negligenciado quando criança e meus pais não perceberam que eu precisava de atenção. Para neutralizar os comandos dessas histórias, comecei a repetir para mim mesmo várias vezes ao dia: *Eu sou importante; eu sou merecedor de atenção; e eu sou relevante*. Sempre que digo isso, faço uma pausa e permito que o sentimento penetre o meu coração. Esse é o meu novo mantra. Sempre que percebo eventos que podem desencadear sentimentos de solidão, repito esse mantra antes que meu ego tenha a chance de contar sua história. Se você continuar dizendo a mesma coisa à sua mente repetidas vezes, ela começará a adotar a nova crença e substituirá a antiga no processo.

> Não importa por onde você comece. Contanto que mude o significado que atribuiu aos eventos, a história do ego acabará mudando também.

Embora eu tenha iniciado primeiro com hábitos e eventos e depois com crenças, você não precisa seguir essa mesma sequência. Você pode começar a partir de eventos ou crenças.

Ataque primeiro o que for mais fácil para você. A chave é mudar todos os três componentes da estrutura da história para que a história do ego fique significativamente enfraquecida. Você pode ter de voltar ao início da sequência e repeti-la muitas vezes com um conjunto diferente de eventos, crenças e hábitos, até que a história perca por completo o comando.

Perguntas para ajudá-lo a mudar a história

Nos capítulos anteriores, exploramos alguns dos eventos, crenças e hábitos comuns que evocam a solidão. Mas tomar conhecimento deles é apenas o primeiro passo. Para reescrever a história, temos que fazer perguntas fortalecedoras que permitam que as histórias sejam reescritas. Queremos examinar nosso passado e nossos hábitos atuais a partir de um estado de quietude, curiosidade e livre de julgamentos. Caso contrário, podemos começar a analisar nosso passado e sermos atraídos de volta às histórias repetitivas do ego.

A seguir, estão algumas perguntas que você pode fazer a si mesmo ao mudar a história do ego. Você pode propor tais perguntas durante a meditação ou autorreflexão, quando tende a estar mais presente. Não importa se você recebe ou não de imediato as respostas. Elas serão reveladas a você por meio de *insights* ou eventos no futuro, à medida que continuar fazendo as perguntas.

1. Como eu perceberia um evento se não puder culpar alguém?

Quando estamos em consciência de vítima, procuramos alguém para culpar. Fazemos a nós mesmos perguntas desempoderadoras como: *O que há de errado comigo? Quem é o culpado por isso?* e *Por que fizeram isso comigo?* Mas fazer perguntas desempoderadoras só lhe dá respostas desempoderadoras. Por exemplo, quando você pergunta o que há de errado com você, não há dúvida de que está procurando um aspecto negativo de si mesmo para justificar um evento específico. Quando você se pergunta por que está sempre sozinho, suas respostas sempre virão de suas crenças negativas existentes e acabarão sendo algo como: *Ninguém se importa comigo*, ou *Eu não me encaixo em lugar nenhum*. Quaisquer que sejam as respostas que obtenha, isso não fará que se sinta bem.

Fazer a si mesmo a pergunta certa é muito importante. Em vez de procurar alguém para culpar por nosso infortúnio, podemos nos perguntar: *Se ninguém tem culpa aqui e eu não posso culpar outra pessoa ou a mim mesmo por esse evento, como eu perceberia tal evento?* Por exemplo, você convida alguém para sair e a pessoa não responde sua mensagem. Você culpa a outra pessoa por ignorá-lo e não fazer um esforço para preservar a amizade? Você se culpa por não ser desejável e interessante o suficiente? Ou *você apenas percebe o evento como ele é*, sem a necessidade de justificar as ações de outras pessoas ou seu próprio valor? Você convida alguém para sair e ele não responde. Pronto. Fim da história. Nenhuma justificativa é necessária. Somente o ego precisa atribuir culpa a alguém, porque isso ajuda a fortalecer a história que ele está construindo.

2. Como posso perceber um determinado evento de modo diferente, agora que sou adulto?

Muitas de nossas crenças são formadas durante a infância, o que, em geral, é limitado e não nos beneficia mais. Então, pergunte a si mesmo: *Se eu pudesse perceber um evento passado da perspectiva da idade adulta, como eu (como adulto) poderia percebê-lo de modo diferente?* Fazer a si mesmo essa pergunta pode ajudá-lo a identificar quaisquer crenças desatualizadas que você ainda conserva.

Por exemplo, eu costumava me sentir insignificante porque minha mãe não tinha tempo para me ajudar com a soletração. Mas agora, já adulto, posso ver o porquê. Eu era tão independente que minha mãe não precisava prestar muita atenção em mim. Eu meio que substituí minha mãe por um gravador quando o usei para registrar minha voz e me ajudar com minha soletração. Sua falta de atenção não significa que eu não importo ou que ela não me ama.

Além disso, entender que você era indefeso e, em especial, impotente quando formou suas crenças pela primeira vez permitirá que tenha compaixão pela menina ou menino que já foi e ame a criança interior que ainda reside dentro de você. Você começará a compreender que esses eventos não têm nada a ver com quão bom ou ruim você era quando criança, e você pode optar por deixar de lado as crenças negativas autoimpostas que formou na infância.

3. O que posso aprender com os eventos da minha vida?

Quando acredita que cada evento que ocorre em sua vida tem o propósito de ajudá-lo a crescer e se expandir, você o verá de uma perspectiva diferente. Em vez de resistir aos eventos que ocorrem, você começará a extrair valor de todas as suas experiências de vida e a apreciá-las mais. Por exemplo, no meu caso, embora Pat me lembrasse James e fizesse aflorar em mim insegurança, dor e ressentimento tremendos, sou grato por tê-lo conhecido. Se não fosse por ele, eu não teria me lembrado do meu passado e não teria tido a chance de processar minhas emoções não resolvidas e aprender a praticar o perdão.

Sempre que um evento provoca sentimentos de solidão em você, pergunte a si mesmo: *O que esse evento está tentando me ensinar? Que mensagem este evento está tentando transmitir? Que lição posso aprender com isso? O que essa experiência traz de bom? Como isso vai me ajudar a crescer?* Fazer essas perguntas irá ajudá-lo em sua transformação. Elas podem direcionar sua mente na busca por *insights* e impedi-lo de remoer o passado.

As respostas a esse tipo de perguntas lhe dirão como você pode perceber as experiências de maneira diferente quando ocorrerem eventos semelhantes. Então, no futuro, você pode mudar suas reações e o resultado do que acontece em sua vida. Quando você não reagir a esses eventos da mesma forma que fez antes, os gatilhos que ativam a história do ego não serão mais gatilhos. Sem esses gatilhos, o ego terá menos oportunidades de contar suas histórias.

4. Como posso aprender a sentir o amor que já está dentro de mim?

No Capítulo 6, fizemos a pergunta: O que estou pensando neste momento que me impede de sentir o amor e a conexão que desejo? Essa pergunta pode nos ajudar a descobrir as crenças ocultas que fazem com que nos sintamos solitários.

Depois de descobrir suas crenças ocultas, pergunte a si mesmo: *Eu posso abandonar essa crença? O que eu preciso acreditar ou dizer a mim mesmo para que possa sentir o amor que já está dentro de mim?* Podem ser crenças como: *Eu sou suficiente; Eu sou digno e merecedor de amor como todos os outros*; ou *Eu sou amor. Estou conectado à Fonte do amor.*

Você também pode se perguntar: *Como posso perceber a mim mesmo e aos outros de uma maneira melhor?* Assim, por exemplo, se alguém o magoa, pensar que ele é ignorante, inconsciente ou desconectado de sua alma o aproxima mais do amor dentro de você do que presumir que ele o está magoando de forma intencional. Pensar nessa última opção só cria um inimigo na outra pessoa e causa a separação, que é o que o ego precisa para contar suas histórias.

5. O que eu precisava ouvir quando criança?

Quando crianças, não importa o quanto nossos pais sejam amorosos, ainda podemos acabar com feridas emocionais, necessidades não atendidas e crenças limitantes. Ao crescer, a maioria de nós transfere inconscientemente a responsabilidade de suprir essas necessidades emocionais não atendidas de nossos pais para nossos amigos e parceiros. Dependemos dos outros para nos sentirmos felizes, incluídos e amados.

Quando você se sentir sozinho, pergunte a si mesmo: *O que eu quero das outras pessoas e como quero que elas façam eu me sentir? Como posso transmitir tais sentimentos a mim mesmo?* As coisas que você quer de outras pessoas agora são provavelmente as coisas que você deseja desde a infância. Em vez de esperar que os outros satisfaçam suas necessidades, assuma total responsabilidade por suas necessidades não atendidas. Dê a si mesmo o que você quer dos outros e diga a si mesmo o que você sempre quis ouvir quando criança.

Sei que, quando criança, eu não me sentia importante, e me senti assim ainda de forma mais intensa quando era adolescente na escola. Sempre dependia de outras pessoas para me dar atenção e fazer eu me sentir importante. Mas, agora, com a consciência de minhas necessidades infantis não atendidas, comecei a dizer a mim mesmo: *Sou significativo, sou relevante e importo.* Depois de algum tempo, comecei a me sentir bem por conta própria e autossuficiente. Não preciso mais que os outros validem minha importância e não me sinto tão sozinho quando outras pessoas me ignoram ou não têm tempo para mim. Ainda me sinto bem quando outras pessoas me ouvem atentamente quando falo, mas agora isso é apenas um bônus, porque já estou lá para minha criança interior e cuidei de suas necessidades.

6. Por que me conecto com os outros tão facilmente?

Quando nos sentimos sozinhos, muitas vezes buscamos justificativas para o motivo de termos acabado em um estado infeliz. Como mencionado na primeira pergunta, quando você aborda a solidão dessa maneira, recebe respostas desempoderadoras que podem fazer com que você se afunde ainda mais na solidão. Em vez de se perguntar: *Por que ninguém quer ser meu amigo?*, inverta a pergunta e pergunte a si mesmo: *Por que as pessoas querem ser minhas amigas? Por que as pessoas estão tão interessadas em mim? Por que me conecto com os outros tão facilmente? Por que me sinto tão incluído no grupo?*

Quando você faz essas perguntas, direciona sua mente para procurar aspectos positivos de si mesmo. Você começa a perceber coisas que nunca enxergou em si mesmo antes e a apreciar as boas qualidades que possui. Todos nós queremos reconhecer nossos sentimentos de solidão, mas não queremos nos concentrar muito nisso, porque focar na solidão não nos ajuda a sair dela. Isso só ativa o ego para contar mais histórias de separação e acabamos nos sentindo mais solitários. É somente quando deixamos de lado nossa solidão e nos concentramos em algo mais positivo que começamos a sentir alegria, amor e gratidão.

7. Que hábitos posso desenvolver para me ajudar a me sentir mais conectado?

Estar ciente de nossos hábitos não é suficiente. Muitas pessoas estão cientes de seus maus hábitos, mas ainda os praticam. Primeiro, elas podem ter algumas crenças ocultas e negativas que ainda sustentam esses hábitos. Em segundo lugar, elas se concentram demais em impedir-se de agir de uma determinada maneira, o que só causa mais resistência e desejo de agir.

O melhor modo de mudar nossos hábitos é criar um novo hábito para substituir o antigo. Você pode adicionar novos hábitos que o ajudem a se conectar mais profundamente com seu espírito, como meditação, exercícios de respiração, passear na vizinhança ou na natureza e manter um diário. Se algo faz que você se sinta solitário, crie o hábito de pensar em outra coisa. Como no meu caso, os eventos que fazem eu me sentir solitário costumavam ser um gatilho para o meu ego contar sua história. Agora, esses eventos se tornaram um gatilho para pensamentos mais positivos. Em vez de entreter a história que meu ego me conta, imediatamente digo a mim mesmo: *Sou significativo, sou relevante e importo.*

Além disso, veja se você pode fazer pequenos ajustes em seu estilo de vida e ambiente, especialmente como você usa a tecnologia. Por exemplo, quando estou em casa, costumo deixar meu celular fora de alcance. Então, se eu quiser usá-lo, preciso me levantar e ir buscá-lo. Isso me dá algum tempo de *buffer* para esclarecer minha intenção antes de usar o aparelho. Se alguém continua provocando seus sentimentos de solidão, você pode considerar mudar seu estilo de comunicação com tal pessoa, passar menos tempo com ela ou até mesmo terminar seu relacionamento. É difícil crescer quando os hábitos que você deseja mudar são constantemente acionados pelas pessoas ao seu redor.

Lidando com a resistência do ego

Quando você crescer e tentar mudar sua história, seu ego vai resistir. Entenda que isso é normal. O ego está muito apegado às velhas histórias e programação. Não quer deixá-las de lado. Assim como mantemos um *backup* de todos os documentos antigos em nosso disco rígido ou acumulamos cada vez mais coisas. Mesmo que a maioria dos documentos e bens não sejam mais úteis para nós, não queremos excluí-los ou jogá-los fora. Nós os guardamos para o caso de precisarmos deles no futuro. Do mesmo modo, nós nos apegamos a eventos, crenças e hábitos passados porque eles nos guiaram por anos. Sentimo-nos inseguros em deixar o passado ir de vez.

Devido à resistência do ego, às vezes nos sentimos pior durante nosso tempo de transformação. Podemos experimentar períodos de mau humor, ressentimento e inquietação. Ficamos empacados e oprimidos. Podemos ter sintomas de abstinência quando removemos ou mudamos nossos hábitos. Alguns de nós podem até atingir o ponto mais baixo de nossas vidas, quando tudo parece estar desmoronando e sem sentido. O ego busca uma identidade a partir das histórias que criou. Quando mudamos a estrutura fundamental do ego, de repente tudo vira de cabeça para baixo e nada mais faz sentido. Tudo pelo que costumávamos lutar parece sem propósito e inútil. Levará algum tempo para nos ajustarmos e encontrarmos um novo significado na vida.

Pense nisso: se você sempre derivou sua identidade de seus relacionamentos e de receber amor dos outros – mas agora percebe que outras pessoas não podem fazer você se sentir menos solitário e que buscar o amor dos outros não é mais uma estratégia que funciona –, o que resta para o seu ego fazer? De repente, ele perde sua função. A parte de sua identidade que dependia dos outros terá então que morrer. Assim, seu ego fará o possível para impedi-lo de crescer e manter o *status quo*.

Depois que comecei a me sentir mais autossuficiente, decidi passar menos tempo em grupos ou com pessoas que não me interessavam ou não estavam mais em sintonia comigo. Mas em vez de me sentir melhor, me senti ressentido com elas. Não entendia a razão. Foi minha escolha seguir em frente e fiz isso para meu crescimento espiritual. No entanto, havia essa voz persistente dentro da minha cabeça que precisava justificar por que eu tive que sair e também culpá-los por me fazerem sair.

Meses depois, finalmente percebi que era porque me sentia culpado por deixá-los, mesmo que fosse para o meu crescimento. Na minha cabeça, eu pensava que eles iriam me julgar por abandoná-los, então, tinha que desviar a culpa de volta para eles. Mas, na verdade, ninguém estava me julgando. Pelo menos, não pessoalmente. Era eu que estava me julgando. Toda a minha vida, acreditei que sou insignificante e sem importância. Sempre que eu tinha um conflito com outras pessoas, minha mãe sempre me aconselhava: "Não estrague seu relacionamento com os outros. Apenas tenha paciência". Fui treinado para me sentir mal e culpado por me concentrar em minhas próprias necessidades e desejos. Inconscientemente, adotei a crença de que preciso me sacrificar, desistir de meus desejos e fazer o que me mandam, se quiser manter relacionamentos harmoniosos com os outros. Se escolho meus desejos em vez de meus relacionamentos, sinto que os estou arruinando. Foi por isso que me ressenti em relação aos outros. Eu não sentia que tinha a liberdade de escolher o que eu queria. No fundo, eu me sentia obrigado a agradar os outros em detrimento de mim mesmo.

Depois que me conscientizei dessa crença oculta e de meus sentimentos a respeito dela, tive que me assegurar constantemente de que não havia problema em seguir em frente: *As pessoas acabarão entendendo. Elas vão ficar bem. Será melhor para ambas as partes.* Eu tinha que direcionar minha mente para atividades e relacionamentos mais significativos que estivessem alinhados com minha alma. Caso contrário, meu ego "desempregado" começará a criar novos problemas para eu resolver.

> Quando estiver em um período de crescimento, saiba que quando entender o quadro geral, você se sentirá melhor.

A maioria de nós tem alguma energia presa em nosso corpo e crenças ocultas que ainda não foram descobertas. À medida que progredirmos, mais nos será revelado e, com uma nova compreensão, nós nos sentiremos melhor.

É difícil incorporar as mudanças de uma só vez. Então, trabalhe aos poucos e vá devagar. Às vezes, você pode querer desistir e voltar aos seus velhos hábitos ou histórias. Tudo bem, também. Não há vergonha nisso. Quando você se sentir melhor e pronto para tentar de novo, pergunte a si mesmo: *Vale a pena manter essa história, crença ou hábito? O que eu ganho em retê-los?* – e depois continue de onde parou.

Por fim, sempre que a mesma velha história volta e me sinto preso, também gosto de me perguntar: *Amor ou medo? Conexão ou separação? Paz ou ressentimento?* Funciona como um passe de mágica, e parece que sempre escolho o positivo sobre o negativo. Essas perguntas curtas ajudam a interromper a história imediatamente e permitem que você escolha. Elas incitam você a escolher o tipo de "filme" que deseja assistir. É um convite para liberar tudo o que não lhe serve mais.

CAPÍTULO 9

Aprofundando Nossa Conexão com o Amor

> "Nunca encontrei uma companhia tão companheira quanto a solitude."
> – Henry David Thoreau, *Walden*

Em novembro de 2019, fui ao Labrador Park em Cingapura e passei três horas lá sozinho, por sugestão de um amigo. Durante meu tempo no parque, fui instruído a não passear e explorar. Eu deveria sentar em um lugar e escrever os pensamentos que surgissem em minha mente. Foi-me dito que esse exercício me ajudaria a obter clareza sobre o que eu quero.

Desde o início, eu queria saber sobre relacionamentos. Então, eu me perguntei: *Quero um relacionamento romântico?* A resposta foi "Não". Ainda não convencido, fiz a pergunta mais algumas vezes. Até mudei um pouco a abordagem:

Estou fugindo dos relacionamentos? e *Eu tenho medo de ter um relacionamento?* Mas toda vez que eu perguntava, a resposta era sempre um "não" muito firme e claro. Finalmente, após várias perguntas, surgiu uma resposta diferente: *Pelo menos não neste momento. Você não tem o desejo agora. Em vez disso, você está procurando crescimento.*
Que tipo de crescimento?, perguntei com grande curiosidade.
Você quer uma conexão mais profunda com sua verdadeira essência, minha voz interior respondeu.
Depois de uma hora e meia de perguntas e respostas sobre outros tópicos, não surgiram mais pensamentos. A mente pensante havia parado por completo. Não havia mais nada a fazer e nada a perguntar. Havia apenas a natureza e eu. Pelo restante do meu tempo no parque, simplesmente sentei no banco e uni-me com toda a vida. Senti felicidade, alegria, aceitação, amor, paz, liberdade, gratidão e vitalidade. Não havia sensação de separação ou solidão.

> A solidão é um convite para mergulharmos mais fundo em nosso ser.
> Ela nos desperta para a totalidade
> e completude que já somos.

Minha reflexão silenciosa no parque me ajudou a perceber que muitas vezes abordo os relacionamentos a partir da falta e do medo. Sempre que me sinto indesejado ou meus relacionamentos terminam em decepção, logo me apego a

CAPÍTULO 9

outra pessoa ou grupo e começo a me tornar idealista em relação ao novo relacionamento. Tento encontrar meu significado através dos outros, mas essa abordagem sempre falha. Nenhum ser humano pode fazer eu me sentir importante o tempo todo. Tentar controlar os outros e suas ações só faz eu me sentir mais frustrado, desconectado e desalinhado com o amor. Subconscientemente, sinto-me incompleto e anseio por outra pessoa para preencher o que está faltando em mim. Mas a verdade é que ninguém pode me completar, porque eu já estou completo, para começo de conversa. Eu apenas não consigo reconhecer isso.

A solidão nos diz que nos tornamos alheios à nossa natureza intrínseca de totalidade e completude. Chama-nos a despertar para a perfeição que já somos. A conexão profunda que desejamos não vem de outras pessoas. Vem de dentro quando nos conectamos com nossa verdadeira essência. Nossa alma gêmea não pode existir se não estamos conectados com nossa alma. É impossível ter uma conexão profunda com outra pessoa quando não estamos profundamente conectados a nós mesmos.

Tudo começa conosco.

O relacionamento mais importante é o relacionamento que temos com nós mesmos, não os outros relacionamentos que desejamos. Às vezes, quando nos tornamos muito apegados ou dependentes dos outros por amor, nossos relacionamentos podem nos distrair de nosso relacionamento com nós mesmos.

Depois daquele dia no parque, fiz uma pausa na minha vida social para cultivar uma vida espiritual mais profunda. Abandonei todos os grupos sociais com os quais me envolvi para passar mais tempo sozinho e me conectar com minha essência mais profunda. Eu queria solidificar a conexão com meu espírito, antes de me conectar com os outros novamente. Eu queria me conectar com os outros a partir do amor, não do medo.

Medo não é o mesmo que amor

Para aprofundar nossa conexão com o amor, devemos primeiro entender o que é o amor – e o que não é o amor. Medo e amor não são a mesma coisa e não podem coexistir. O amor aproxima as pessoas, mas o medo as afasta. Quando está conectado ao medo, automaticamente você está desconectado do amor. Mas muitas vezes confundimos medo com amor.

Por exemplo, a leitora que mencionei no Capítulo 1 quer se casar e ter filhos. Mesmo que queira amor, ela está abordando seu relacionamento a partir da falta e do medo de ser julgada. Quando você está sozinho e quer ter um relacionamento com alguém – e está desesperado – você não está emitindo a energia do amor. Em vez disso, está dizendo a si mesmo e aos outros que é incompleto sozinho e precisa da outra pessoa para se sentir melhor. A energia ansiosa que você libera afasta potenciais parceiros e amigos e aumenta seu sentimento de solidão.

Quando alguém quer terminar um relacionamento conosco e dizemos: "Eu *amo* você. Por favor, não me deixe. Eu não posso viver sem você", não estamos expressando amor.

CAPÍTULO 9

Estamos, no entanto, expressando nosso medo de perder alguém que *pensamos* que amamos. Apegar-nos a outra pessoa não é nem de longe amor. É o medo egoico de ficar sozinho e abandonado. O verdadeiro amor é sem apegos e condições. Você não precisa que os outros estejam com você para sentir amor. O amor incondicional é um fluxo constante e estável de bondade. Por outro lado, o amor que vem com condições é reativo. Leva você para cima e para baixo como uma montanha-russa. Quando você se apega a outra pessoa, seu humor é arrastado por suas ações e inação. Quando ela faz algo que você quer que faça, sente amor, e quando ela não o faz, você não sente amor.

Quando vemos os outros se aproximarem de nosso objeto de afeto e sentimos ciúmes ou ameaçados, isso também não é amor. Seja lá o que for a que nos apeguemos ou que guardemos acaba morrendo por porasfixia, seja uma flor ou um relacionamento. A outra pessoa não é um objeto que podemos guardar para sempre. Temos que deixá-los ir um dia. Além disso, o amor é abrangente. Você não pode pedir ao sol que brilhe para você e não brilhe para os outros. Você não pode ser a única pessoa que importa na vida do outro e pedir que ele lhe dê toda a atenção.

Às vezes, duvidamos das intenções de nosso parceiro e analisamos suas ações, procurando qualquer evidência de que nos deixarão por outra pessoa. Nossas crenças são baseadas no medo e na insegurança, não no amor. Quando nos protegemos e fechamos nosso coração para os outros, pensamos que estamos nos amando. Mas isto é medo de ser magoado, não amor. Ao erguer nossos "muros", nós nos impedimos de receber e dar amor. Impedimos que o amor flua livremente.

Mesmo quando fazemos algo para ajudar o outro, podemos estar agindo em função do medo também. Alguns de nós têm medo de que, se não agradarmos a outra pessoa, ela não nos amará. Ajudamos porque queremos nos sentir necessários para os outros. Por outro lado, alguns de nós ajudam os outros porque nos preocupamos com o fato de que eles não possam fazer algo tão bem quanto nós. Mas se preocupar com alguém não é amor; é uma forma de medo. Estamos tentando controlar a situação para evitar sentir medo.

> Pergunte a si mesmo: "Neste momento, estou me aproximando dos outros a partir do medo ou do amor?"

O amor não tem a ver com o que você faz ou deixa de fazer. Quando você olha nos olhos de alguém com todo o seu ser ali presente, isso é amor. Nesse momento, você é um com a outra pessoa. Você se vê na outra pessoa. Sabe que bem lá no fundo da outra pessoa existe também um ser espiritual, assim como você. Quando você está conectado espiritualmente dessa maneira, não há mais nada que precise fazer para sentir amor pelo outro. No entanto, a maioria de nós está condicionada a receber amor. Somos criados com amor condicional. Achamos que temos que fazer o que nossos pais esperam de nós para sentir que merecemos amor. Além disso, não nos sentimos à vontade para receber amor sem fazer algo em troca ou atender a determinados critérios.

O amor também não tem a ver com nossas intenções. Alguém pode dizer que vai amar você para sempre, e está falando sério no momento em que diz. Mas essa pessoa pode ter um dia ruim e dizer algo cruel para você no dia seguinte. Não que ela não tenha a intenção de amar você; está apenas desconectada do amor naquele momento.

> O amor tem tudo a ver com nossa conexão e nosso alinhamento com nossa essência profunda.

Eu amo você quando estou conectado ao amor interior. Eu não amo você quando não estou conectado ao amor interior. Podemos estar conectados ou desconectados, amando ou não, dependendo de cada momento. O amor está sempre lá, disponível para nós. É permanente dentro de nós, mas nossa conexão com o amor não é. É por isso que o amor sempre parece fugaz porque nossa conexão com o amor é fugaz. Nossos sentimentos de amor podem se transformar em medo muito rapidamente quando não estamos profundamente enraizados na presença e no amor. Quando nossa mente começar a interferir e acreditarmos na história que ela nos conta a respeito de culpa, insegurança e medo, então haverá "você" e "eu". Neste momento, haverá separação, não unidade.

A maioria de nós acha difícil manter nossa conexão com o amor por muito tempo. Esquecemos e perdemos a conexão com a Fonte ao longo do dia. É por isso que a prática espiritual é fundamental, e uma das melhores práticas espirituais é a prática da solitude.

A prática da solitude

Parece contraintuitivo praticar a solitude, especialmente quando nos sentimos solitários e desejamos estar com alguém. No entanto, é precisamente nosso forte desejo de buscar o amor dos outros que torna a prática da solitude tão importante. Ter um desejo de amor nunca é um problema. É a busca incessante do amor fora de nós que cria a solidão. A maioria de nós não sabe como sentir conscientemente o amor interior. Fazemos isso de modo inconsciente por meio de outras pessoas. Nosso alinhamento com o amor sempre depende de outras pessoas, o que significa que não temos controle sobre quando sentimos amor – porque não temos controle sobre outras pessoas. Os outros não podem ser exatamente do jeito que queremos que sejam, pelo menos não o tempo todo. Eles também não são responsáveis por atender às nossas expectativas ou satisfazer nossa falta de conexão. Mesmo que queiram, não podem.

Quando você sente amor na presença de alguém, a outra pessoa não é responsável pelo amor que você sente – você é. Você é aquele que liberou seus bloqueios psicológicos e permitiu que o amor fluísse dentro de você naquele momento. Pode parecer que a outra pessoa tem algum poder mágico que faz você se apaixonar por ela. No entanto, a verdade é que outras pessoas não têm o poder de *controlar* como pensamos e sentimos. Não podem nos fazer sentir amor se não quisermos. Decidimos com quem nos sentimos seguros o suficiente para nos render e abrir nosso coração. Na melhor das hipóteses, outras pessoas podem apenas *influenciar* nossa percepção. Em última análise, a *escolha* de como queremos perceber nossas experiências é nossa. Se escolhermos nos apegar à história do ego e nos bloquearmos do amor, não há muito que os outros possam fazer a respeito.

> Os outros não podem fazer nosso trabalho interior por nós.
> Temos que fazê-lo nós mesmos.

A prática da solitude é um passo para assumirmos a responsabilidade por nosso alinhamento interior e recuperarmos o poder que doamos. Não estamos esperando que os outros nos amem ou façam com que nos sintamos completos. Em vez disso, entramos em contato com nosso eu espiritual e buscamos intencionalmente a união interior para sentir amor e nossa completude. O melhor de tudo é que podemos fazer isso quando quisermos.

A prática da solitude é muito importante, porque afastar-se das pessoas ajuda a quebrar nosso apego a elas. Percebo que apenas dizer a mim mesmo que sou importante não é o bastante. Eu tenho esse desejo inflexível de ser notado, e tendo a me apegar emocionalmente aos outros muito rapidamente quando eles prestam atenção em mim. Mas esse hábito muitas vezes faz eu me sentir sem importância em vez de significativo, porque continuo a me concentrar nos outros, mesmo quando eles pararam de prestar atenção em mim.

A interiorização é mais fácil quando você está sozinho do que com outra pessoa. Quando estou com outras pessoas, tendo a me deixar levar pela energia delas e perder meu senso de identidade. Sou facilmente influenciado por como acho que as outras pessoas me perceberão. Muitas vezes, me defino por meio dos outros. Para ter certeza de que estou ouvindo minha voz interior e não meu ego, tenho que colocar minha vida social em modo de espera, fugir de todas as distrações e me perguntar: *Quem sou eu sem meus relacionamentos? Como posso ser significativo sem depender dos outros? Como posso amar os outros sem estar apegado a eles? Minhas ações são influenciadas pelo que outras pessoas pensam de mim? Minhas ações são realmente o que pretendo fazer ou são o que outra pessoa quer que eu faça?*

Ao passar um tempo sozinho, certifico-me de que não há ninguém a quem recorrer além do meu espírito.

> A solitude é onde reside o verdadeiro amor, significado e conexão. Quando abraçamos e aceitamos a solitude, a solidão se dissolve.

Há uma abundância de amor ao seu redor e dentro de você. As três horas que passei no parque comigo mesmo foi o momento mais incrível, uma experiência que nunca poderia encontrar com outra pessoa. Ninguém pode igualá-lo. O amor que procuro está dentro de mim. E quando me conecto com ele, conecto-me com algo maior e mais significativo do que meu eu egoico. Sinto-me profundamente conectado a toda a vida no cosmos. Sinto um profundo sentimento de pertencimento ao Universo, que raramente sinto em outra pessoa, grupo ou comunidade. Eu sei que estou apoiado e não estou sozinho na minha jornada pela vida.

CAPÍTULO 9

Mas para acessar essa conexão profunda, você precisa praticar a solitude. É necessário para a conexão e transformação espiritual. Uma lagarta precisa se esconder no casulo antes de se transformar em borboleta. Quando você está se redefinindo, é melhor passar um tempo sozinho.

Estar perto de outras pessoas enquanto você está evoluindo pode confundi-las, porque elas estão familiarizadas com seu antigo eu e se relacionarão com você da mesma forma que sempre se relacionaram. Mas você não é o mesmo de antes. Você pode se irritar facilmente, o que pode prejudicar seus relacionamentos. É somente quando você se transformou e está certo de sua nova identidade espiritual que tem condições de começar a se relacionar com os outros de novas maneiras.

Como praticar a solitude

Em primeiro lugar, a prática da solitude é intencional. Ao contrário de quando nos sentimos solitários e isolados pelos outros, escolhemos um momento preferido para ficarmos sozinhos. Afastar-se dos outros porque nos sentimos magoados por eles não deve ser confundido com praticar a solitude. A primeira atitude tem a ver com proteção, separação e medo, enquanto a última tem a ver com abertura, conexão e amor. Você não está se afastando das pessoas porque secretamente espera que elas percebam sua ausência. A solitude não é uma ferramenta para manipular os outros para prestar atenção em você.

A solitude também não é apenas estar fisicamente sozinho. Você deseja remover todas as distrações, como seu telefone e outros dispositivos eletrônicos, para realmente se conectar com seu verdadeiro eu. Quando está sozinho, você também não quer ter conversas mentais, deixar sua mente vagar ou manter-se ocupado com atividades. Você quer estar presente e livre das dimensões mental e física, tanto quanto possível, para que possa entrar em contato com a dimensão espiritual. Sua prática de solitude começa quando seu ego não tem nada a que se agarrar ou a se apegar.

// Estar sozinho é apenas um componente. A prática da solitude, em geral, inclui algum foco no silêncio e na quietude.

Existem várias maneiras de praticar a solitude. Se combinar todos os três componentes (solitude, silêncio e quietude), você terá uma meditação formal em que você se senta no chão em uma posição de pernas cruzadas ou em uma cadeira. Durante a meditação, deixe de lado quaisquer pensamentos que surjam e simplesmente concentre-se em sua respiração. Você pode optar por fechar ou abrir os olhos, dependendo do que o ajuda a permanecer conectado.

Se você achar difícil ficar parado enquanto medita, pode tentar a meditação andando. Ao caminhar lentamente de um ponto para outro, esteja atento à respiração e ao contato dos pés com o chão ao dar cada passo. Caminhar na natureza também nos ajuda a abrir espaço interior e nos conectar facilmente ao amor. Você pode usar seus cinco sentidos para apreciar a beleza da natureza. Não ouça nenhuma música ou outro áudio e evite ter um diálogo em sua mente enquanto caminha. Dê total atenção ao seu entorno e ao seu corpo. Sinta a mesma amplidão que existe dentro de você e na natureza. Embora a meditação em movimento se concentre na solitude e no silêncio, você também sentirá uma sensação de quietude interior quando se conectar profundamente com o ambiente e seu corpo dessa maneira.

Como alternativa, você pode combinar solitude e quietude e se concentrar mais nesses dois componentes. Quando eu estava no parque, não fiquei meditando ou treinando minha mente para ficar em silêncio. Estava fazendo perguntas e permitindo que meu espírito me fornecesse as respostas. Você pode se conectar ao amor mesmo durante a contemplação profunda, a autorreflexão ou escrevendo o diário. Basta diminuir o volume de sua mente analítica para que possa ouvir a voz lá no fundo. Você não está pensando ativamente em algo ou encontrando uma solução para seus problemas. Em vez disso, depois de fazer uma pergunta, pare e espere pacientemente pela resposta. É mais sobre ouvir do que buscar uma resposta. Mesmo que o silêncio não seja o foco principal aqui, você experimentará o silêncio no espaço entre a pergunta e a resposta. Depois de um tempo, você pode perceber que não há mais perguntas a fazer. Quando esse momento chegar, simplesmente relaxe e desfrute de sua existência e conexão com o amor.

Para realmente colher os benefícios de estar consigo mesmo, é bom praticar a solitude por um longo período. Você não precisa fazer como eu e ficar sentado no parque por três horas. Mesmo gostando de ficar sozinho, enfrentei muita resistência no início dessa prática. Minha mente inventava todo tipo de desculpa para não ir ao parque. Então, comece pequeno, em vez disso. Por exemplo, encontre um local tranquilo em sua casa, acione um cronômetro e passe de cinco a quinze minutos por dia em solitude. Mais importante ainda, crie consistência em sua prática de solitude. Cinco minutos por dia é melhor do que três horas por semana. Há alguns anos, antes mesmo da sugestão do meu amigo, eu ia a outros parques uma ou duas vezes por mês. Mas a vida ficou corrida e eu parei de ir. Agora que me lembrei da importância da solitude, apenas mantenho minhas práticas diárias em casa. Se quero mais tempo para estar comigo mesmo, vou ao parque.

Estabeleça uma "casa interior" à qual você sempre pode retornar

Praticar a solitude não significa que não nos importamos com nossos relacionamentos ou evitamos interagir com os outros. Mas a reconexão com nós mesmos é sempre o ponto de partida. Cuidar do nosso alinhamento é uma prioridade maior que tem precedência sobre a conexão com os outros.

De acordo com o Mestre Zen Thich Nhat Hanh, existe uma ordem de conexão. Devemos aprender a nos conectar com nosso eu superior antes de podermos nos conectar profundamente com outro indivíduo, e então podemos nos conectar coletivamente com um grupo. Sem pôr em prática o primeiro passo de se conectar consigo mesmo, o segundo passo não é possível. Ele usa a analogia de um "lar" dentro de nós para representar essa conexão profunda com nossa verdadeira essência.

CAPÍTULO 9

> Você nunca se sentirá em casa enquanto estiver procurando constantemente sua casa fora de si mesmo.

Quando duas pessoas têm casas individuais e são completas em si mesmas, juntas podem formar um lar coletivo. Depois disso, poderão convidar mais pessoas para sua casa e se conectar profundamente com elas. Isso é um relacionamento real. Não estamos aqui para completar um ao outro. Estamos aqui para *lembrar* uns aos outros que somos completos. Se você tentar se apoiar nos outros quando eles não têm um lar forte, ou se eles tentarem se apoiar em você quando você não tiver um lar forte, então, ambos os lares entrarão em colapso e o relacionamento se tornará disfuncional.

Quando praticamos a solitude por muito tempo, podemos estabelecer um lar estável dentro de nós. Mesmo quando saímos e interagimos com o mundo, não seremos facilmente levados ou influenciados por outras pessoas e circunstâncias externas. Mas não precisamos esperar até que estejamos totalmente completos antes de nos conectarmos com os outros, porque nunca podemos estar completamente prontos. Ainda vamos nos desconectar de vez em quando. Além disso, é somente por meio de nossas interações com os outros que podemos testar quão forte nosso lar interior realmente é.

> Não se trata de ficar conectado o tempo todo. O importante é ter uma casa interior para a qual você possa retornar.

Se estiver ciente do espaço sagrado e do amor dentro de você, toda vez que se sentir solitário ou desconectado, haverá um lar interior esperando por você. Em vez de manipular alguém para amá-lo, treine-se para retornar à sua casa e conecte-se à dimensão espiritual interior. A repetição de voltar para casa tornará sua casa mais forte. Uma vez que você tenha estabelecido um lar forte em seu interior, você experimentará uma sensação de calma e presença em vez de carência e inadequação quando se aproximar dos outros. Todas as partes irão desfrutar ainda mais do seu tempo juntos.

Interagir com os outros é um processo dinâmico. Você muda e ajusta sua energia de acordo com as circunstâncias. Quando está se conectando com os outros, você precisa se concentrar um pouco mais na outra pessoa. Caso contrário, parecerá desinteressado, egocêntrico e distante. No entanto, você também não vai até o fim e coloca toda a sua energia na outra pessoa. Você ainda terá que manter algum foco em si mesmo enquanto interage com os outros. Sua casa interior ainda tem que ser a prioridade. Caso contrário, você se sentirá altamente impressionável. Quando a conversa termina, você tem que puxar toda a sua energia e voltar para casa. Você não deixa sua energia pendurada lá fora enquanto deseja que a outra pessoa volte para você, porque isso criará mais solidão.

CAPÍTULO 10

Aprofundando Nossa Conexão com os Outros

> "Muitas vezes, em um conflito, acreditamos que o problema é a outra pessoa ou grupo. Mas, olhando profundamente, sabemos que não somos os únicos que sofreram – eles também sofreram."
>
> – Thich Nhat Hanh

Uma noite, tive um sonho: vi três amigos meus na rua e me aproximei deles para dizer "Oi". Mas, em vez de retribuir minha saudação, eles imediatamente se viraram e foram embora. Eu rapidamente os parei e disse: "Ei, o que há de errado?". Nenhum deles disse uma palavra. Olhei para um dos meus amigos e ele começou a chorar. Olhei para outro amigo e ele começou a chorar também. No meu sonho, percebi que eles se sentiram magoados por mim, mas fiquei bastante confuso. Eu não sabia o que tinha feito de errado. Um deles finalmente me explicou: "Sinto que você nos abandonou, agora que cresceu e mudou. Sempre que você fala sobre o quanto se sente bem em outros grupos, fico magoado". Ainda sonhando, eu disse: "Não... eu saí do grupo porque vocês formaram um novo grupo sem mim e não me convidam mais para os encontros. Senti como se estivesse sendo abandonado".

Ao saber que meus amigos sentem o mesmo que eu, senti compaixão por eles e dei um abraço em cada um. Ao abraçá-los, acordei do meu sonho. Todo o ressentimento que eu vinha sentindo em relação aos meus amigos há meses havia sido dissipado pela ternura criada pela minha compaixão. Agora, entendo que quando nossos amigos ou parceiros se afastam de nós, sofremos uma sensação de traição, quer a outra pessoa tenha más intenções ou não. Mesmo que estejam se mudando para um novo país para um novo emprego, dói, porque o que antes era familiar para nós agora se foi. Todos nos sentimos da mesma maneira quando nos apegamos excessivamente a outras pessoas e relacionamentos.

> A compaixão desfaz a animosidade e a separação que você sente em relação aos outros.

A compaixão pelos outros cria uma conexão mais profunda e aproxima você. Todo mundo tem seu lado da história. Em nossa mente, podemos pensar que outras

CAPÍTULO 10

pessoas gostam de nos machucar. Mas isso muitas vezes é falso. Quando você puder ver além das histórias do ego e perceber a mágoa em ambos, será mais fácil perdoar. Tenho perdoado muito desde que comecei a escrever este livro. Não apenas perdoei as pessoas que me magoaram, como também me perdoei por guardar ressentimento em relação a elas e o dano que causei ao meu corpo por manter esses ressentimentos.

O perdão e a compaixão nos libertam das histórias do ego e nos ajudam a reabrir nosso coração para os outros. Se estivermos esperando que alguém nos diga "sinto muito" para que possamos perdoá-los, talvez nunca consigamos. As pessoas que percebem que nos magoaram podem achar muito vergonhoso pedir desculpas e admitir o que fizeram. Outros podem ter nos magoado involuntariamente sem perceber. Do ponto de vista deles, eles não fizeram nada de errado. Depois de perdoar James e a pessoa que eu culpei por nos separarmos, deparei-me com uma foto deles juntos. O estranho é que me senti em paz com a situação. Eles provavelmente nem sabem que me magoaram, então, por que estou guardando ressentimento? Estou surpreso que mantenham contato comigo depois de tantos anos, e desejo o melhor para eles.

Quando perdoamos, isso não significa que nossos relacionamentos voltarão a ser como eram antes. Os relacionamentos se dissolvem e evoluem. As pessoas mudam, crescem e seguem em frente. No entanto, o perdão nos traz um passo mais perto do amor interior. Isso nos ajuda a deixar de lado nossa parte da história e a necessidade de justificar ou encontrar alguém para culpar por nossos sentimentos feridos.

O verdadeiro amor espiritual é abrangente e incondicional. Quando estamos conectados ao amor, amamos a todos e toda a vida. Não damos amor apenas a alguns selecionados e retiramos nosso amor do resto. Quando nos concentramos apenas em algumas pessoas, nossa percepção do amor é limitada e baseada em condições: *Eu vou amar você se você satisfizer minhas necessidades ou atender aos meus critérios. Eu só vou amar você se você me amar também. Você só pode amar a mim e a mais ninguém; caso contrário, eu não vou mais amar você.*

Na espiritualidade, isso desafia a verdadeira essência do amor. O amor não é um comércio ou uma troca de benefícios. Você não pode estar alinhado ao amor sem amar todos os seres. Qualquer hostilidade que você tenha por outra pessoa o desconectará do amor interior. Quando você incorpora o amor, não importa se a pessoa merece seu amor ou não. Você a abençoa assim mesmo. Você não precisa encontrá-la novamente ou continuar um relacionamento, mas também não precisa manter nenhuma animosidade em relação a ela.

Isso nem sempre é fácil de fazer. Mas existe uma prática chamada Meditação da Bondade Amorosa que pode ajudá-lo a melhorar nisso.

Meditação da Bondade Amorosa

A Meditação da Bondade Amorosa pode nos ajudar a nos sentirmos interconectados com outras pessoas e com o mundo. O cerne dessa prática é:

> O que você deseja para si mesmo, você deseja para todos os outros.

Isso só funciona se você tiver profunda compaixão por si mesmo primeiro. Se você não se ama, é difícil amar os outros. É por isso que, como mencionado anteriormente, é importante estabelecer primeiro sua casa interior.

Existem diferentes variações da Meditação da Bondade Amorosa, mas todas elas podem ajudá-lo a estender seu amor além de si mesmo e de seus entes queridos. Abaixo está um guia que você pode seguir. Você pode mudar as palavras de acordo com o que está em sintonia e parece mais natural para você.

Meditação da Bondade Amorosa

1 Encontre um local tranquilo onde você não seja incomodado. Feche os olhos e concentre-se na respiração. Inspire pelo nariz e expire pela boca. Libere qualquer tensão em seu corpo e vá mais fundo a cada respiração. Se algum pensamento surgir, solte-o enquanto respira novamente.

2 Quando tiver alcançado um lugar de serenidade e amor, imagine o amor fluindo do seu coração para o resto do corpo – braços, mãos, pernas, tronco, cabeça e órgãos internos. Sinta o amor circulando em seu corpo enquanto se sente confortável.

3 Recite o seguinte para si mesmo:

> Que eu seja feliz. Que eu fique bem.
> Que eu esteja seguro e saudável.
> Que eu esteja em paz e à vontade.

4 Em seguida, lembre-se de alguém que você ama e recite o seguinte. Imagine que está enviando amor para a outra pessoa.

> Que você seja feliz. Que você fique bem.
> Que você esteja seguro e saudável.
> Que você esteja em paz e à vontade.

5 Então, lembre-se de uma pessoa neutra. Pode ser um estranho ou um conhecido pelo qual você não tem nenhum sentimento especial. Repita o seguinte e envie amor para a outra pessoa.

> Que você seja feliz. Que você fique bem.
> Que você esteja seguro e saudável.
> Que você esteja em paz e à vontade.

6 Em seguida, lembre-se de alguém que desperte sua hostilidade ou alguém que você tem dificuldade em amar. Faça o melhor que puder para lhes dar a mesma bênção.

> Que você seja feliz. Que você fique bem.
> Que você esteja seguro e saudável.
> Que você esteja em paz e à vontade.

7 Por fim, termine a meditação dando sua bênção a todos os seres vivos. Muitos outros experimentam a mesma dor que você. Deseje-lhes bem.

> Que todos os seres sejam felizes.
> Que todos os seres fiquem bem.
> Que todos os seres estejam seguros e saudáveis.
> Que todos os seres estejam em paz e à vontade.

8 Inspire profundamente. Ao expirar, observe como se sente. Quando estiver pronto, abra os olhos.

Os quatro níveis de conexão

Podemos nos conectar com outras pessoas em quatro níveis diferentes. A conexão fica mais profunda a cada nível.

Primeiro, você pode se conectar com outras pessoas em um nível físico. Isso inclui toque, como um aperto de mão, um tapinha nas costas ou um abraço. Tem a ver com estar fisicamente lá para outra pessoa e sentir o calor e o apoio dos outros. Além do afeto físico, esse nível também envolve atividades em conjunto. Podemos compartilhar os mesmos *hobbies* e interesses com nossos amigos. Quando nos comunicamos nesse nível, falamos sobre o que vemos, ouvimos, cheiramos, saboreamos e tocamos. Compartilhamos informações tangíveis, como as últimas notícias, o que comemos no almoço ou o que fazemos nas férias, sem nos aprofundarmos muito em nossas experiências.

O segundo nível de conexão que você pode ter com alguém é o nível mental. Nesse nível, compartilhamos nossas ideias, crenças e conhecimentos com os outros. Tem a ver com ter uma conversa ou discussão intelectual. O que compartilhamos geralmente é algo mais profundo do que nossa percepção sensorial. Então, em vez de descrever o que viu, você compartilha sua opinião sobre isso. Ouvir os pensamentos e a visão de mundo de outras pessoas pode ajudar a estimular seu pensamento, especialmente quando alguém compartilha uma nova perspectiva ou faz uma pergunta que você nunca pensou antes.

Então, há o terceiro nível de conexão – a conexão emocional. Nesse nível, compartilhamos como nos sentimos. Em vez de nos protegermos, nós nos abrimos e nos permitimos ser vulneráveis. Paramos de fingir sermos perfeitos apenas para impressionar os outros. Nesse nível de conexão, podemos ter uma conversa profunda e autêntica e nos sentir à vontade para compartilhar uma ampla gama de nossas emoções – as negativas e as positivas – sem nos sentirmos julgados. Quando nos conectamos com os outros nesse nível, temos uma sensação de proximidade emocional e intimidade com eles.

Por fim, o quarto nível de conexão, o nível mais profundo no qual podemos nos conectar, é a dimensão espiritual. Não se trata apenas de conectar-se a um Poder Superior. É a conexão com o seu espírito, o espírito do seu parceiro e o espírito de cada ser na Terra. Quando você se conecta com os outros nesse nível, você é eles e eles são você. Há um profundo conhecimento e unidade com o Universo e nenhum traço de separação. Apenas pura alegria, amor e paz.

> Os três primeiros níveis de conexão estão sempre mudando e limitando. Somente a conexão espiritual é duradoura e sempre disponível.

Os três primeiros níveis de conexão significam os aspectos humanos de quem somos. Correspondem à conexão do corpo, da mente e do coração. É ótimo se conectar com alguém nos três primeiros níveis. Eles são o que o ego deseja. No entanto, eles são impermanentes. Seu parceiro e amigos não podem estar fisicamente presentes com você o tempo todo. Seus pensamentos e crenças mudam à medida que você cresce. Os amigos com quem você compartilhou a mesma visão de mundo e crenças podem ter crescido em uma direção completamente diferente. A conexão emocional e a intimidade também não duram. Podem se dissolver rapidamente quando as pessoas com quem nos sentimos seguros em compartilhar nossas emoções fazem algo que trai nossa confiança. Os três primeiros níveis de conexão estão em constante mudança e sofremos quando nos apegamos a eles.

Além disso, são limitados apenas aos nossos amigos e familiares. Escolhemos com quem nos sentimos confortáveis e seguros e compartilhamos nossos pensamentos e emoções. Muitas vezes, apenas as pessoas que compartilham crenças comuns conosco e aquelas que entendem nossas emoções são bem-vindas. Também admitimos pessoas somente depois de passar mais tempo com elas, depois que a confiança se desenvolve. Nos três primeiros níveis, é difícil se conectar com alguém que não entende nosso ponto de vista ou nossas lutas. Algumas pessoas podem não ter o mesmo nível de desejo por essas conexões que temos. Por exemplo, aqueles que são emocionalmente negligenciados geralmente anseiam por mais conexão emocional do que a maioria das pessoas pode oferecer. Por isso, muitas vezes sentimos uma falta de conexão com os outros.

Por outro lado, quando está conectado espiritualmente, você sempre sente que tem o suficiente. Você não precisa de mais conexões espirituais. Sabe que a dimensão sem forma está sempre lá e prontamente disponível para nós. É eterna. Não é algo que podemos segurar, então, não há medo de perdê-la. Mesmo que para algumas pessoas seja difícil entender o reino espiritual, não precisamos que os outros entendam e vivenciem a espiritualidade para que possamos estar espiritualmente conectados a eles. Dentro, eles também são espírito, assim como nós. Nós só precisamos olhar além de seu ego e personalidade superficial, e sintonizar seu espírito para nos conectarmos espiritualmente a eles.

Além do mais, quando nos conectamos com outras pessoas no nível espiritual, podemos nos conectar com qualquer pessoa, mesmo que sejam estranhos ou inimigos. A conexão espiritual não se limita aos nossos amigos, familiares e parceiros. Se não conseguirmos nos conectar com os outros no quarto nível, isso significa apenas que não os estamos vendo profundamente o bastante.

Como se conectar espiritualmente

Ao construir amizades, gradualmente compartilhamos mais e mais detalhes sobre nós mesmos. Esse processo cria confiança entre as pessoas. No entanto, mesmo que alguém lhe conte tudo sobre si mesmo, seu passado, suas esperanças e aspirações, ou mostre sua personalidade e sentimentos por completo, você *de fato* não conhece tal pessoa. Você só a conhece através de sua percepção dela, que geralmente é baseada no que ela faz e no que compartilha com você.

Para conhecer a verdadeira essência de alguém, você precisa ver além de suas percepções mentais e se conectar com esse alguém em um nível espiritual mais profundo. Caso contrário, o que você vê é apenas uma projeção da imagem que seu ego ou o ego de outra pessoa quer que você veja.

// Nós nos separamos como os galhos e as folhas de uma árvore. Mas se formos mais fundo, perceberemos que viemos do mesmo tronco.

No nível da forma, somos todos diferentes. Somos diferentes em gênero, raça, tamanho, nacionalidade, religião, personalidade, opiniões, crenças e muito mais. Mas se formos mais fundo, perceberemos que somos expressões únicas da mesma fonte que cria todo o universo. A maioria de nós não sente essa conexão profunda com os outros porque deixamos de ver que somos parte da mesma árvore. Só podemos ver como somos diferentes das outras pessoas no nível da forma.

No entanto, não é fácil enxergar os outros como seres espirituais. Conhecer-se profundamente, nem sempre significa que você também conhece profundamente os outros. Certas pessoas podem nos fazer reagir facilmente e isso torna difícil para nós enxergarmos além da forma. Semelhante à solitude, isso requer prática. Aqui estão quatro sugestões que você pode fazer para desenvolver uma melhor conexão espiritual com os outros.

1. Faça mais contato visual

O contato visual constrói mais do que uma conexão física e emocional. Também nos ajuda a nos conectar espiritualmente com os outros. Existe um conhecido ditado: "Os olhos são as janelas da alma". Se você olhar profundamente nos olhos de alguém, você sentirá a vivacidade de sua alma. Essa conexão de alma para alma é não verbal e não pode ser descrita em palavras. Mas você pode sentir a troca de energia entre duas pessoas através dos olhos.

Embora a tecnologia nos ajude a fazer mais amigos de outros países, nada pode substituir a interação cara a cara. Em vez de ficar olhando para o seu celular o tempo todo, coloque-o de lado e olhe para outras pessoas quando estiver falando com elas. Quando você olha nos olhos de alguém, está enviando a mensagem de que reconhece sua presença e o vê. É bom ser visto e notado. Você também pode fazer um breve contato visual com estranhos. Enquanto eles caminham em sua direção, reconheça a existência deles com seus olhos.

Você também pode praticar a meditação com os olhos com um amigo ou parceiro. Olhe nos olhos um do outro por trinta segundos, ou até dez minutos, sem falar ou desviar o olhar. Pode parecer desconfortável nas primeiras vezes que você fizer isso, mas essa prática o ajudará a desenvolver uma conexão mais profunda com os outros e sincronizar sua energia com eles.

2. Esteja presente

Estar presente com o outro ajuda a criar laços mais estreitos. As pessoas se sentem apreciadas quando você lhes dá total atenção. Ao interagir com outras pessoas, certifique-se de que sua mente não esteja vagando ou distraída pensando no que fazer em seguida, ou analisando as informações que elas compartilham com você. O simples ato de ouvir e estar presente é suficiente para oferecer apoio e amor. Você não precisa reagir ao que elas dizem ou dar conselhos. A reatividade não ajuda você a se conectar com os outros. Se as pessoas vierem até você e reclamarem de suas vidas e você se juntar a elas na reclamação, estará apenas encorajando-as a se considerarem vítimas. Por outro lado, se você descartar seus pontos de vista e tentar corrigi-las ou aconselhá-las, isso pode levá-las a justificar ou defender sua posição, e isso fará que você se sinta frustrado com elas.

    Estar presente não é nenhuma das opções anteriores. Quando está presente, você ouve a outra pessoa sem reagir às suas queixas ou julgá-la. Reconhece e entende o estado em que ela está. Mas, ao mesmo tempo, sabe que no fundo ela é muito mais do que está apresentando a você. É um ser espiritual, assim como você. Com o tempo, ela saberá quem é, porque seu ser interior a empurrará na direção do crescimento e da expansão. Não há necessidade de persuadi-la a mudar. No entanto, se optar por responder à negatividade de outra pessoa, você deve partir de uma profunda quietude, não de reatividade ou tentar convencê-la a aceitar suas crenças e maneira de ver a vida.

    Estar presente com o outro é o mesmo que estar presente com sua mente. Sua mente pode reclamar e julgar. Se você acreditar na história da mente e se juntar à sua mente para reclamar, seu espaço mental ficará muito barulhento. Por outro lado, se negar ou resistir aos seus pensamentos, sua mente continuará repetindo-os. Quando você está presente e atento aos seus pensamentos, pode simplesmente notá-los e depois abandoná-los. Quando houver distância entre você (a consciência) e seus pensamentos, o ruído em sua cabeça acabará por diminuir. É como quando um amigo vem até você e reclama. Se ouvi-lo sem julgar, ele acabará se afastando porque não está recebendo nenhuma reação de você; ou você pode ajudá-lo a se abrir para uma dimensão mais profunda dentro de si mesmo que ele não conhecia anteriormente.

3. Reconheça a unidade da humanidade

Há momentos de conexão em todos os lugares. Você só precisa reconhecê-los. Em geral, eu não gosto de lugares lotados. Se o ônibus ou trem está lotado, prefiro esperar por outro. Então, há quatro anos, um dia eu me vi preso em uma lotada conexão entre trens e tive que me deslocar junto com todos os outros. Naquela ocasião, em vez de me sentir aborrecido, senti-me profundamente conectado e tocado. Percebi que não sou apenas uma gota de água entre todas as pequenas gotas de água no oceano. Eu sou o oceano. Meu senso de eu e separação dos outros se dissolveu à medida que me deslocava junto com o fluxo de pessoas.

Anteriormente, eu sempre tinha focado no quanto sou diferente dos outros. Mas, em essência, eu sou como todo mundo. Compartilhamos o mesmo oxigênio na mesma sala. Nossos corações estão batendo para nos manter vivos. Eles estão vivos, assim como eu estou vivo. Essa vivacidade que todos possuímos nos une. Um dia, evaporaremos e desapareceremos, mas no final voltaremos ao mesmo oceano. Nossas formas físicas morrerão, mas nosso espírito estará sempre ligado à mesma fonte. Reconhecendo a unidade da humanidade e sabendo que estamos todos juntos nisso, sinto-me conectado.

Agora, de vez em quando, olho para estranhos no trem e me conecto espiritualmente com eles, mesmo que estejam cuidando de seus próprios assuntos e não percebam que os estou observando. Você pode se conectar com outra pessoa mesmo quando ela não estiver se conectando ativamente com você. Apenas veja além do que ela está fazendo e como está agindo, e aprecie sua existência. É ótimo quando você percebe que, neste momento, estamos nesta Terra juntos, no mesmo lugar, compartilhando uma experiência humana e não estamos sozinhos nisso. Estamos todos aqui para experimentar amor, paz e expansão.

Mesmo que você e seu ente querido estejam fisicamente distantes ou tenham um desentendimento, você ainda pode ter uma conexão espiritual profunda, desde que reconheça como estamos interconectados como espíritos.

4. Junte-se a uma comunidade espiritual

Uma vez que você esteja em um caminho espiritual, conectar-se com outras pessoas nos três primeiros níveis pode não ser tão satisfatório quanto costumava ser. Você provavelmente estará menos interessado em sair com amigos que permanecem no *status quo*.

Seus amigos estão familiarizados com o antigo você, então, eles continuarão se relacionando com você da mesma maneira. Isso pode impedir que sua alma se desenvolva. Seus amigos anteriores ou se juntarão a você em seu novo nível de consciência ou se distanciarão de você por conta própria. É desconfortável para as duas partes, que estão vibrando em diferentes níveis de energia, se unirem e interagirem por longos períodos, porque agora vocês estão em diferentes comprimentos de onda. A ressonância só pode existir se uma pessoa decidir aumentar ou diminuir sua vibração para combinar com a outra.

Em vez de mudar sua vibração para combinar com os outros, provavelmente você terá que deixar essas amizades de lado e cultivar novas, que estejam mais alinhadas com você no nível espiritual. Juntar-se a uma comunidade espiritual pode ser uma opção melhor para o seu crescimento espiritual. Mas você não precisa buscar um grupo puramente espiritual. Alguns dos grupos disponíveis podem ser muito "místicos" ou Nova Era para você. O importante é encontrar grupos de pessoas que tenham alguma experiência espiritual própria e você possa entrar em ressonância com eles energeticamente. São pessoas que compartilham o mesmo conhecimento espiritual que você, que podem lembrá-lo de seu eu espiritual e crescer com você. Envolva-se com um grupo de pessoas que extraem o melhor de cada membro e aprendem uns com os outros, um grupo no qual você possa explorar tópicos mais profundos, como seu propósito e contribuições na vida – não apenas os tópicos comuns com os quais muitas pessoas se preocupam, como carreiras e relacionamentos.

Por exemplo, faço parte de um grupo masculino em Cingapura. Mesmo sendo um grupo que apoia outros homens com seus problemas, às vezes falamos sobre espiritualidade e fazemos práticas espirituais para nos ajudar a estar presentes conosco mesmos e uns com os outros. Enquanto você estiver em um grupo em que todos possam estar presentes, falar com o coração e ouvir uns aos outros sem julgamento, você estará em um bom espaço para que a alma emerja e a conexão espiritual seja desenvolvida. Mas se você quer um grupo puramente espiritual, sempre pode considerar procurar um grupo assim, ou até mesmo começar o seu próprio.

CONCLUSÃO

A Percepção de que Somos Amor

Quando você está se sentindo sozinho, como se algo ou alguém estivesse faltando, você está, de fato, perdendo seu eu espiritual, sua verdadeira essência, o amor interior. Mas, estritamente falando, nada está faltando. Não há necessidade de se reconectar com o amor porque somos amor, um só e inseparáveis. Estamos todos nos esforçando para perceber que somos amor, e é por isso que a prática regular de solitude e meditação é tão importante. As práticas espirituais ajudam a nos lembrar de quem somos.

Dizer "eu sou amor" é mais poderoso do que dizer "eu quero amor".

A afirmação "eu sou amor" torna o amor parte de sua identidade. "Eu quero amor" sugere que você não tem amor agora, que algo está faltando. Uma vez que você assume a identidade do amor, tudo muda. Em vez de tentar obter amor, você se torna amor e começa a pensar e a agir da perspectiva do amor. Por exemplo, muitas vezes me pego perguntando: *O que o amor faria nessa situação? O amor se ressentiria ou julgaria outras pessoas? O amor precisa de atenção e aprovação de outras pessoas?*

Quando você se torna amor, não precisa de mais nada para sentir amor. Você não precisa ser mais bem-sucedido, mais desejável ou mais útil para ser digno de amor. O merecimento nem é um conceito que você precisa considerar porque não há condição para amar. Você pode sentir amor o tempo todo.

Quando percebemos que somos amor, não pode haver solidão. Mas se nos sentirmos sozinhos outra vez, o que pode acontecer com alguns de nós... bem, será apenas mais um lembrete para nos reconectarmos com o amor.

Gostou de Reconecte-se ao Amor?

Obrigado por comprar meu livro e dedicar seu tempo a lê-lo.

Antes de ir, gostaria de lhe pedir um pequeno favor. Você poderia reservar alguns minutos para deixar um comentário sobre este livro na Amazon?

Seu *feedback* não apenas me ajudará a crescer como autor, mas também ajudará os leitores que precisam ouvir a mensagem desta obra. Então, obrigado!

Por favor, deixe um comentário em **http://www.nerdycreator.com/reconnect-to-love**.

Mais livros de Yong Kang Chan

Parent Yourself Again: Love Yourself the Way You Have Always Wanted to Be Loved (Self-Compassions Book 3)

The Disbelief Habit: How to Use Doubt to Make Peace with Your Inner Critic (Self-Compassion Book 2)

Empty Your Cup: Why We Have Low Sef-Esteem and How Mindfulness Can Help (Self-Compassion Book 1)

The Emotional Gift: Memoir of a Highly Sensitive Person Who Overcame Depression

Fearless Passion: Find the Courage to Do What You Love

Para conhecer os livros mais recentes do autor, acesse
www.nerdycreator.com/books.